Cynnwys

Cyflwyniad

Mae'r Ddraig Goch yn llawer mwy na lliwiau ar bolyn i bobl Cymru. Mae'n diffinio pwy ydym, yn dathlu ac yn dehongli ac yn dal i chwythu hen, hen dân a gafodd ei gynnau ganrifoedd maith yn ôl.

Ydi, mae'n gysylltiedig â brwydrau – brwydrau ddoe a heddiw. Nid ar chwarae bach yr ydym ni'r Cymry wedi cadw ein hunaniaeth, mynnu ein hawliau a chael gafael ar y grym i reoli ein tir a'n hadnoddau.

Ym myd addysg, iechyd, treftadaeth, twristiaeth a harddwch naturiol, mae'n datgan yn falch fod y cyfrifoldebau hyn bellach yn ein dwylo ni. Yn yr un modd, mae dinasyddiaeth newydd, Gymreig yn

cael ei harddel gyda hyder.

Creadigol ydi'r ffordd o ddisgrifio'r holl amrywiadau celfydd a graffig ar y defnydd a wneir ohoni mewn sawl cyfrwng gwahanol. Mae'r oes ddigidol wedi gwneud rhyfeddodau gyda'i thafod, ei hadenydd a'i chynffon, ond mae hefyd yn dal i gael ei gweithio mewn pren, metel, brodwaith, maen a gwydr.

Baner brenhinoedd a thywysogion oedd y Ddraig Goch yn ôl yn niwloedd ein hanes. Yna daeth yn faner gwerin gwlad. Dechreuwyd ei defnyddio a'i chyhwfan mewn eisteddfodau, yng ngwersylloedd Urdd Gobaith Cymru, ar derasau gemau rhyngwladol a lle bynnag yr oedd Cymry alltud eisiau dangos eu balchder cynhenid.

Ni fydd enwogion o Gymru yn swil o'i harddel chwaith. Does neb yn rhy cŵl i'w chario neu wisgo dilledyn wedi'i wneud ohoni neu ei chwifio mewn dathliad arbennig. Roedd gan Richard Burton un ar bolyn yn ei ardd ar lan Llyn Genefa yn y

Swistir. O’r Valley Girls i Ray Gravell i sêr operatig, mae’n perthyn i bawb.

Mae’n amlwg fod ffyniant economaidd yn perthyn yn agos iddi – mae cannoedd ar gannoedd o fusnesau ym mhob rhan o Gymru yn gwerthu eu nwyddau gyda chymorth y Ddraig Goch. Mae perthyn a tharddiad yn bwysig i amrediad eang o gynhyrchion y dyddiau hyn. Mae’n addewid o ansawdd, ond yn bennaf efallai, dyma ein ffordd o groesawu.

Mae’n arwydd o gyfeillgarwch a hwyl. Mae ar yr arwyddion sy’n croesawu ymwelwyr i Gymru. Y gobaith yw y bydd yn eu calonnau wrth iddynt adael.

Draig y dychymyg

Creadigaeth y dyn cyntefig yw draig. Ni fu'r fath greadur erioed yn byw yn y byd hwn. Nid yw'n perthyn i'r ddaear ond i ddychymyg dyn.

Mae rhai o nodweddion y ddraig yn dangos tebygrwydd i ambell greadur go iawn er hynny – yn eu mysg, nadroedd, madfallod a chrocodilod. Yn Indonesia mae'r ddraig Komodo yn arddel ei henw hyd yn oed. Gall y creaduriaid hyn fyw am ganrif gan dyfu i fod yn dri metr (10 troedfedd) o hyd a phwyso 135kg (300 pwys). Ond er gwaethaf ei enw, madfall anferth ydi'r creadur hwn. Ei gynefin yw ychydig o ynysoedd anghysbell yn y Dwyrain Pell a dim ond yr ynyswyr eu hunain oedd yn gwybod amdano tan ddechrau'r 20fed ganrif. Dim ond dychymyg yr anturiaethwyr modern sy'n ei gysylltu â'r ddraig fytholegol – nid oes ganddo adenydd ac mae'n debycach i grocodil nag i ddraig. Down i'r un casgliad – cynnyrch ffantasi ydi draig.

Er nad ydi hi wedi byw yn unlle ar y ddaear, mae'n fyw iawn yn y meddwl dynol ym mhob twll a chornel ar draws y byd ers miloedd o flynyddoedd. Mae'r diwylliannau cynnar yn ymwybodol iawn ohoni ac mae'r cof amdani'n treiddio'n ôl i niwloedd coll y cof cyntefig. Yn Ewrop, y Dwyrain Canol, India a Tsieina, Affrica benbaladr, Gogledd a De America, Ynysoedd y Môr Tawel a diwylliannau brodorol Awstralia a Seland Newydd, mae'r ddraig yn gymeriad byw mewn chwedl a chrefydd. O gofnodion cynharaf dynoliaeth hyd ryw ganrif go dda yn ôl, roedd pobl yn credu mewn dreigiau.

Ar draws y cyfandiroedd a thros y canrifoedd, mae amrywiaeth mawr o ddreigiau wedi corddi ein breuddwydion. Mae rhai'n hir a nadreddog ac yn byw yn y cymylau ac eraill yn greaduriaid pedair-coesog, sgwarog ac yn byw mewn cwm cul neu ogof dywyll. Ond bach ydi'r gwahaniaethau hyn mewn gwirionedd o ystyried yr holl leoliadau a phobloedd amrywiol.

Ar wahân i amrywiadau bach lleol o ran ffurf a chymeriad, mae'r ddraig bob amser yn anghenfil gwaed oer anferth, gyda chroen tew, cramennog; fel rheol mae

'Dreigiau' Komodo, Indonesia

1

KLAGENFURT
2

DER LINDWURM VON
3

ganddi adenydd ond nid yn Tsieina a Japan, er ei bod yn dal i lwyddo i hedfan hebddyn nhw. Fel rheol mae ganddi goesau a chynffon a thafod bigog ac mae'n chwythu tân. Mae'n greadur grymus, weithiau'n bartner i ddyn (fel yng Nghymru ac yn Tsieina) ac weithiau'n elyn (fel ym mhobman arall yn y byd). Roedd ei ffurf a'i natur yn glir. Roedd ein hynafiaid yn gwybod i'r dim beth oedd yn eu meddyliau pan oedden nhw'n trafod y ddraig.

Am filoedd o flynyddoedd, nid oedd amheuaeth am fodolaeth dreigiau. Nid oedd pawb yn yr Oesoedd Canol a chyn hynny wedi gweld llew, eliffant, uncorn neu ddraig. Ond nid oedd ganddyn nhw amheuaeth nad oedden nhw'n bodoli.

Hyd yn oed yn y cyfnod modern, pan oedd y ffydd ddigwestiwn hon yn dechrau pylu, roedd dreigiau yn dal i gael eu 'gweld' yng ngwledydd Prydain hyd at y 19eg ganrif. Adroddodd John Ridgway iddo ddod ar draws draig fôr wrth rwyfo ar draws yr Iwerydd gyda Chay Blyth yn 1965.

I'n hynafiaid, roedd y ddraig yn bodoli, roedden nhw'n gwybod sut un oedd hi – ac roedden nhw, ar y cyfan, yn ei hofni i waelod eu bod. Ym mhob cwr o'r ddaear erioed, mae tystiolaeth bod bron pob diwylliant yn arswydo rhag dreigiau. Nid arswyd direswm oedd hwn – nid ffobia. Nid ofn yn deillio o'r isymwybod oedd hwn fel ofni i ystlumod fachu yn dy wallt mewn hen eglwys neu ofn i lygod bach neu bryfed cop redeg dros dy gorff wrth iti gysgu ar y mat. Ofn oedd yn codi o'r hyn a gredent oedd yn berygl go iawn oedd hwn. Ofn cyntefig. Ofn un o bwerau naturiol mwyaf dychrynllyd y ddaear. Ofn oedd yn dy wneud yn ddiymadferth ac yn ysglyfaeth diamddiffyn.

O ble y tarddodd y fath ofn i'w gadw a'i drosglwyddo mewn cof gwerin byd-eang ar ffurf angenfilod anferth? Ceisiodd rhai ysgolheigion ei egluro fel cof cynhanesyddol am y deinosoriaid. Ond daeth oes y rheiny i ben 65 miliwn o flynyddoedd yn ôl – ymhell cyn i'r un babi dynol gael hunllefau am ddreigiau.

Ychydig o sgerbydau ac esgyrn deinosoriaid sydd wedi'u canfod hefyd, a phrin iawn yw'r olion traed oedd yn perthyn iddyn nhw. Felly go brin bod y

1. Cerflun y ddraig ddeinosoraidd yn Klagenfurt, Awstria; 2. Gwaith mosaic yn Klagenfurt; 3. Stamp o Awstria yn dangos ymosodiad y ddraig ar ddyn ac anifail

rheiny wedi bwydo dychymyg dyn. Yn Klagenfurt (Carinthia) yn Awstria, lluniwyd cerflun 'coffa'r ddraig' yn 1590 gan ddynwared 'penglog draig' a ganfuwyd yno yn 1335 i ffurfio'r pen i'r cerflun. Mae'r 'penglog draig' mewn amgueddfa yn y dref ond mae arbenigwyr wedi'i adnabod fel penglog rheino gwlanog o Oes yr Iâ erbyn hyn.

Mewn rhai rhannau o'r byd mae gan fadfallod a brogaod 'adenydd' o groen – fel sydd gan ystlumod. Ond does yr un ohonyn nhw'n chwythu tân a dydyn nhw ddim yn greaduriaid mawr, trwm. Mae creaduriaid nadreddog i'w cael yn y cefnforoedd ac mae ambell un o deulu'r morfil o'i weld wedi'i adael gan y trai ar y traeth yn gallu awgrymu delweddau dreigiol – ond byddai'n amhosib i unrhyw ddychymyg freuddwydio bod y fath greaduriaid yn hedfan drwy'r awyr. Efallai fod ffosiliau a rhai anifeiliaid wedi porthi'r syniad o ddraig, ond nid dyna grud y myth.

Mae dreigiau gwahanol ddiwylliannau'r byd yn rhy debyg i'w gilydd i feddwl nad ydyn nhw'n tarddu o'r un cyff. Ond ar yr un pryd, ni fyddwn yn benthyca syniadau diwylliannol oddi wrth ein cymdogion oni bai eu bod yn rhan o'n profiad eisoes. Mae lluniau a choelion am ddreigiau i'w canfod yng Ngogledd America cyn Columbus ac ymysg diwylliannau cynhenid Môr y De. Fodd bynnag, tarddiad Groegaidd sydd i'r enw 'draig' sy'n agos at δρακεῖν, sef 'un sy'n syllu'. Mae dreigiau ar draws y byd yn enwog am eu llygaid craff. Roedd hyn yn eu gwneud yn arbennig o addas fel gwarchodwyr trysorau. Yn Tsieina dywedid bod draig 'yn creu golau dydd drwy agor ei llygaid ac yn creu tywyllwch wrth eu cau'.

Pan ddechreuodd chwedlau a choelion am ddreigiau groesi ffiniau, roedd y syniad o ddraig eisoes yn gyfarwydd i ddyn ar bum cyfandir. Nid ymledu wnaeth y traddodiadau amdani – roedd yno eisoes, yng ngwreiddiau ein bod, fel rhyw ofn cyntefig o un o rymoedd aruthrol, dychrynllyd byd natur.

Personoli'r grymoedd naturiol yw ein harfer yn y Gorllewin, o leiaf ers oes y Groegiaid. Ysgerbwd â phladur yw'r ddelwedd sy'n cynrychioli Angau; mae cymeriadau neilltuol yn portreadu'r pedwar gwynt a Siôn Rhew sy'n taro'i fys ar ffenestri'r ceir yn nosweithiau oer y gaeaf. Mewn diwylliannau eraill, ac mewn hen ddiwylliannau, creaduriaid yn aml sy'n cyfleu'r grymoedd hyn. Yn yr hen Aifft, pen cath oedd gan y dduwies Bastet (ceidwad y cartref a'r aelwyd) a phen jacal oedd gan Angau.

Un o'r grymoedd naturiol enbyd hynny yw storm fellt a tharanau. Hyd heddiw, rydym yn ofni'r pŵer i ladd sydd ynddyn nhw, yn cael ein dychryn gan daranau'r dymestl ac yn cael ein syfrdanu a'n dallu gan fellt. Yn Tsieina, yr enw ar law'n pistyllio i lawr ydi 'glaw draig' ac mewn Cymraeg Canol, roedd 'draig' yn enw cyffredin ar fellten. Hyd heddiw, dywedir ei bod hi'n 'dreigio' pan welir fflachiadau o feini mellt heb daranau yn isel ar y gorwel.

Credid yn gyffredin iawn ar draws y byd bod stormydd yn codi pan fyddai dwy ddraig yn ymladd â'i gilydd. Felly ar adegau o sychder mawr, roedd defnyddio symbalau swnllyd i ddeffro neu ddychryn draig yn beth rhesymol iawn i'w wneud er mwyn iddi hedfan i fyny i'r cymylau a pheri i'r rheiny lawio.

Mewn mytholeg, mae rhai dreigiau yn byw mewn afonydd, llynnoedd a chorsydd. Cyffro'r dreigiau hynny sy'n peri llifogydd. Gwelwyd draig yn afon Tiber adeg llifogydd mawr Rhufain yn 589. Mae'r traddodiad am yr anghenfil yn Loch Ness yn hanu o'r un gangen, fel amryw o straeon tebyg yng Nghymru. Ar ynys Sisili, draig o'r enw Typhon sy'n byw o dan fynydd Etna

Un o ddreigiau Tsieina

gan wneud i hwnnw fygu a chwythu tân o dro i dro.

Yn gyffredinol, anghenfil a chanddo bwerau dinistriol oedd y ddraig gyntefig. Y ddraig oedd yn creu anhrefn, dychryn a chwalfa; yna deuai'r duwiau i adfer trefn ac ewyllys da.

Ond nid felly yng Nghymru nac yn Tsieina.

Mae ofn yn perthyn yn agos at barchu. Yn aml iawn mewn hen grefyddau, duw'r daran oedd yr un uchaf ei barch. Yn Aifft yr hen ddyddiau, roedd neidr wenwynig yn destun addoliad ac yn symbol brenhinol. Felly hefyd yn hanes y ddraig – roedd rhai diwylliannau yn ymateb iddi drwy'i pharchu. Drwy ddyrchafu'r anghenfil, roedd gobaith o ennill ei gyfeillgarwch a'i warchodaeth. Roedd Hercules yn enwog fel lladdwr dreigiau, eto llun o ddraig ar ei darian oedd yn ei amddiffyn yntau.

Yn Tsieina, daeth y ddraig yn arwydd o'r Ymerawdwr ac roedd ei fyddin yn ymladd dan faner y ddraig. Enw gorsedd yr Ymerawdwr oedd 'cadair y ddraig' a 'hadau'r ddraig' oedd yr enw ar blant y teulu brenhinol. Pan fyddai'r Ymerawdwr yn marw, y dywediad oedd, 'mae'r ddraig wedi codi'. Ond mae'r ddraig yno yn fwy nag arwyddlun brenhinol yn unig – roedd y ddraig hefyd yn frenin. Y Draig Frenin oedd ei enw ac roedd yn medru bod yn hael ei fendithion – glaw a ffrwythlondeb yn ôl y galw, anrhegion lu, ei ben-blwydd yn ddydd gŵyl a gâi'i ddathlu â defodau a dawnsfeydd y ddraig. Ond gallai fod yn hen beth blin a chrintachlyd hefyd.

Yng ngwledydd y Gorllewin, lladdwr y ddraig, nid y ddraig ei hun, sy'n cael ei ddathlu. Yr enwocaf o'r dewrion hynny, wrth gwrs, yw'r sant Catalwnaidd hwnnw o'r enw Jordi a elwir yn George gan chwifwyr croesau cochion yn Lloegr. Roedd pentrefwyr Montblanc yng Nghatalwnia yn rhoi anifail bob dydd i fodloni draig anferth oedd yn byw mewn ogof yn y mynydd. Un diwrnod, nid oedd anifail ar ôl yn y pentref a phenderfynwyd tynnu byrra'i docyn i weld pwy fyddai'n gorfod cael ei aberthu i'r ddraig. Merch y brenin oedd honno, ond wrth i'r dywysoges nesu at fynedfa'r ogof, ymddangosodd San Jordi ar ei geffyl a lladd y ddraig. Eginodd rhosyn coch o waed y ddraig a rhoddodd y sant hwnnw i'r dywysoges. Mae Dydd San Jordi (23 Ebrill) yn gyfuniad o Ŵyl y Rhosyn Coch (diwrnod y cariadon) a Diwrnod Cenedlaethol Catalwnia yn y wlad honno hyd heddiw.

Yn hyn o beth, mae diwylliant y Cymry'n unigryw. Nid arwydd o frenhiniaeth nac un teulu brenhinol yw'r ddraig yma ond symbol o'r holl bobl, y genedl gyfan. Mae'n sefyll dros hunaniaeth ac annibyniaeth. Mae yno ers hanes cynnar y Cymry. Mae mor fyw heddiw ag erioed.

Delweddau o San Jordi a'r ddraig yn niwylliant Catalwnia gan gynnwys (3) cerflunwaith ar borth eglwys yn Barcelona

1
2
3

Y ddraig yn chwedlau Cymru

Mae dwy chwedl Gymraeg sy'n rhoi lle canolog i gymeriad y Ddraig Goch. Yn y straeon hyn – sy'n cael eu cyflwyno fel darnau o hanes cynnar y wlad – mae'r ddraig goch yn symbol o genedl y Cymry a'r ddraig wen yn symbol o genedl y Sacsoniaid oedd yn ymosod ac yn meddiannu tiroedd y Cymry.

Yn y chwedl Lludd a Llefelys, clywn fod sgrech arallfydol yn aflonyddu ar deyrnas y Cymry bob Calan Mai. Brenin y Cymry, yn rheoli'r holl wlad o'i brifddinas yn Llundain, oedd Lludd. Wedi ymchwilio i darddiad y sgrech, gwelwyd mai brwydr rhwng draig goch a draig wen bob Calan Mai oedd wrth wraidd y sgrech. Roedd yn rhaid gwneud rhywbeth. Bob nos Calan Mai wrth ei chlywed, roedd gwŷr yn gwelwi, gwragedd yn erthylu, plant yn gwallgofi a'r anifeiliaid yn methu epilio.

Mesurwyd tir y Cymry yn Ynys Prydain a chanfod mai Rhydychen oedd canolbwynt y deyrnas. Ar orchymyn y brenin, cloddiwyd twll enfawr yno a chladdu casgennaid o'r medd gorau a fragwyd yn y wlad ynddo. Gorchuddiwyd genau'r gasgen â defnydd sidan. Ar nos Calan Mai, bu'r dreigiau'n ymladd a chlywyd y sgrech eto, ond wrth iddyn nhw flino, aethant i orwedd ar y 'gwely sidan' – gan syrthio i mewn i'r gasgen. Roedd blas y ddiod yn honno yn ormod o demtasiwn. Wedi yfed y medd i gyd, syrthiodd y dreigiau i drwmgwsg. Lapiodd Lludd y ddwy yn y defnydd sidan a'u cuddio mewn cist garreg yng nghreigiau caled Eryri – y man cadarnaf yn y deyrnas. Dinas Emrys wrth droed yr Wyddfa oedd y man hwnnw – neu fel y câi ei alw ar y pryd, Dinas Ffaraon Dandde.

Dyna hanes y carcharu. Mae'r stori'n ailgodi'i phen yn chwedl y brenin Gwrtheyrn a Dinas Emrys. Gwrtheyrn oedd brenin y Cymry yng nghanol y 5ed ganrif. Bu'n rhaid iddo ffoi o Lundain o grafangau ei elynion – y Sacsoniaid eto – a phenderfynodd adeiladu castell i'w amddiffyn ei hun yng nghadernid Eryri.

Er bod ganddo seiri meini gorau'r wlad,

1. Dinas Emrys yn Eryri; 2. a 3. Copa Dinas Emrys lle mae olion castell canoloesol a hen waith dŵr o'r cyfnod hwnnw oedd yn ei godi o lyn tanddaearol

1

2

3

roedd y cerrig a godwyd yn ystod pob dydd gwaith wedi disgyn erbyn bore drannoeth. Yn y diwedd, bu'n rhaid i'r brenin Gwrtheyrn droi at ei gynghorwyr a'i ddewiniaid i geisio datrys y dirgelwch.

'O,' meddai'r rheiny. 'Chei di ddim hwyl ar adeiladu dy gastell nes byddi'n dod o hyd i fab nad oes ganddo dad, yna'i ladd, cymysgu'i waed â chalch a thaenu'r cymysgedd ar y meini wrth godi'r waliau. Dim ond drwy wneud hynny y bydd y gwaith cerrig yn sefyll.'

Yng Nghaerfyrddin (Caer-Fyrddin), daethpwyd o hyd i fachgen ifanc o'r enw Myrddin Emrys oedd yn ddi-dad ('ysbryd drwg' wedi mynd i mewn i'r fam a'i gwneud yn feichiog). Ond wedi cyrraedd castell Gwrtheyrn, dangosodd Myrddin ei fod yn gwybod mwy ac yn meddu ar bwerau cryfach na dewiniaid y brenin. Llwyddodd i'w achub ei hun rhag cael ei aberthu. Eglurodd fod modd datrys y broblem yn ddiffwdan. Gorchmynnodd fod y gweithwyr yn tyllu i'r graig o dan seiliau'r castell. Yn y graig, roedd ogof danddaearol. Yn yr ogof, roedd llyn. Yn y llyn roedd dwy gist garreg ac roedd dwy ddraig – un goch ac un wen – yn cysgu ynddynt. Oherwydd gwaith ceibio, cynio a

Hen lawysgrif yn darlunio'r frwydr rhwng y ddraig goch a'r ddraig wen

morthwylio'r seiri meini, roedd y ddwy ddraig wedi deffro o drwmgwsg melys y medd. Wrth weld ei gilydd eto, roedden nhw wedi ailddechrau ymladd. Roedd eu brwydrau beunosol yn dirgrynu'r creigiau gan beri i waliau castell Gwrtheyrn ddisgyn. Roedd y naill a'r llall yn ennill brwydr a cholli'r nesaf yn eu tro.

Aeth gweithwyr Gwrtheyrn ati i dyllu i'r ddaear a chanfod popeth yn union fel y disgrifiwyd hwy gan y bachgen. Yna proffwydodd Myrddin y byddai'r ddraig goch yn drech yn y diwedd ac yn ymlid y ddraig wen o'r mynyddoedd.

Dyna fu. Cafodd Gwrtheyrn godi'i gastell ac fe'i henwodd ar ôl y dewin ifanc: Dinas Emrys.

Gellir ymweld â Dinas Emrys heddiw (mae llwybr braf yno o gyfeiriad Craflwyn, Nant Gwynant, lle ceir maes parcio a chanolfan ddehongli). Gwnaed archwiliad archaeolegol o olion yr hen 'ddinas' (caer ar y copa) yno yn y 1950au gan Dr Savory o Amgueddfa Genedlaethol Cymru. Roedd olion cronfa ddŵr fechan o gyfnod cynnar y Rhufeiniaid ar gopa Dinas Emrys. Dyma'r sail 'hanesyddol' i lyn chwedl y dreigiau. Dros ran o'r gronfa roedd llwyfan wedi'i balmantu o'r 5ed ganrif. Roedd cymdeithas ffyniannus yno yng nghyfnod Gwrtheyrn a Myrddin Emrys yng nghanol y 5ed ganrif. Cododd un o dywysogion Gwynedd gastell yno yn y 13eg ganrif a chafodd olion rhai o'r waliau a sylfeini'r gorthwr eu canfod gan yr archaeolegwyr.

Draig gerfiedig yn cynnal sedd hardd wrth droed Dinas Emrys heddiw

Y neidr a'r ddraig

Mae rhai nadroedd môr mawr yn ein hatgoffa o nodweddion y dreigiau dwyreiniol a chyntefig sy'n fwy nadreddog eu ffurf. Gallwn weld tebygrwydd rhwng sgwid anferth a llyswennod mawr a'r rheiny. Eto, mae'n hollol amlwg nad dreigiau ydyn nhw. Y gwahaniaeth mwyaf rhwng draig a neidr yw bod draig yn gallu hedfan.

Yn y crefyddau gorllewinol, mae'r neidr yn cynrychioli pechod ac ochr dywyll dynoliaeth. Y neidr yw'r demtasiwn sy'n llechu rhwng yr afalau yng Ngardd Eden. Trodd y Cristnogion cynnar y ddraig hefyd yn symbol o'r Diafol (Datguddiad 12:3, 12:9).

Tra oedd Sant Padrig, yn ôl y chwedl, yn cael gwared ar nadroedd gwenwynig o Iwerddon, roedd seintiau ac arwyr Cristnogol eraill yn trechu dreigiau. Yn nifer o hen eglwysi Cymru a'r Gororau, ceir sgriniau pren cerfiedig a hardd. Mae rhai o'r rhain yn darlunio ffrwythau a grawnwin, blodau, dail a hadau. Daioni a digonedd. Ond mewn ambell gornel, gwelir pen draig gerfiedig neu gorff nadreddog. Nid yw Satan chwaith ymhell o dan yr wyneb. Yn amlach na pheidio, bydd y corff nadreddog wedi'i gerfio ar ffurf cwlwm, ac roedd cysur yn hynny. Arwydd fod y drwg wedi'i drechu gan y da oedd gweld cwlwm yng nghorff neidr a'r neidr efallai yn bwyta pen pigog ei chynffon ei hun.

Yn eglwys Dolwyddelan, gwelir un o'r nadroedd cerfiedig hynafol hyn. Mae hen chwedl yn yr ardal am neidr yn troi'n ddraig ac efallai mai rhan o'r cof gwerin

Cerflun o ddraig yn sgrin bren eglwys Patrisio yn y Mynydd Du

hwnnw sy'n cael ei gynrychioli gan y ddraig yn yr eglwys.

Chwedl sy'n swnio'n debyg i stori'n esbonio enw lle ydi Gwiber yr Wybrnant. Mae'r nant yn llifo heibio Tŷ Mawr Wybrnant (cartref yr Esgob William Morgan) i afon Lledr ychydig yn is i lawr y dyffryn o Ddolwyddelan. Yn ôl arbenigwyr enwau lleoedd, daw'r elfen 'wybr' o'r gair 'ewybr' sef cyflym. Ond dim o'r fath beth, meddai'r chwedleuwyr: Gwiber-nant ydi'r enw gwreiddiol a dyma sut y cafodd yr enw hwnnw.

Yn ôl hen goel, roedd gwiberod yn troi'n ddreigiau os bydden nhw wedi yfed llaeth buwch. Roedden nhw wedyn yn tyfu i fod yn fwystfilod ehedog oedd yn codi ofn ar bawb. Enwyd y Wibernant yn ardal Dyffryn Conwy ar ôl un o'r gwiberod hyn, yn ôl y chwedl. Roedd anifeiliaid yn diflannu ac roedd rhai oedd yn ddigon dewr i geisio'i hela yn diflannu hefyd.

Cynigiwyd gwobr am gael gwared arni

Y ddraig adeiniog ddeuben yn nenfwd eglwys Dolwyddelan

a dim ond un oedd yn ddigon dewr i fentro i'r maes – Owain ap Gruffudd, un o Wylliaid Hiraethog nad oedd yn gwybod beth oedd ofn.

Cyn cychwyn ar ei daith, aeth Owain at ddewin oedd yn byw mewn ogof ar Fynydd Hiraethog. Roedd gan hwn enw o fod yn medru gweld y dyfodol. Gofynnodd i'r dewin a fyddai'n llwyddo i ladd y wiber. 'Na,' oedd yr ateb. 'Bydd y wiber yn dy frathu di.'

Nid oedd Owain yn fodlon. Gwisgodd fel cardotyn a dychwelodd i'r ogof. Gofynnodd eto ym mha fodd y byddai farw. Ateb y dewin oedd y byddai'n syrthio a thorri'i wddf.

Gadawodd Owain yr ogof yn ddyn dryslyd. Nid brathiad neidr ond torri'i wddf oedd ei dynged, felly. Ond roedd rhywbeth yn dal i'w gnoi. Gwisgodd fel

melinydd, dychwelodd at y dewin a gofyn eto sut y byddai'n cwrdd â'i ddiwedd.

'Boddi fydd dy hanes di,' atebodd y dewin.

Roedd Owain yn colli ffydd yng ngallu'r gŵr rhyfedd bellach. Doedd hi ddim yn bosib iddo farw mewn tair ffordd wahanol! Penderfynodd fynd i'r Wibernant gyda'i fwyell.

Doedd dim golwg o'r wiber yn y Nant. Gwelodd glogwyn serth uwch yr afon a dringodd i fyny hwnnw. Cerddodd ar silff gul ond roedd silff arall uwch ei ben – a dyna lle'r oedd y wiber yn llechu.

Saethodd pen y wiber amdano a suddo'i dannedd gwenwynig yn ei fraich. Gyda sgrech, syrthiodd Owain oddi ar y silff gul, trawodd ei wegil yn erbyn y graig a thorrodd ei wddf. Disgynnodd ei gorff i bwll tywyll yn yr afon a boddodd. Daeth tair proffwydoliaeth y dewin yn wir mewn un digwyddiad.

Ymgasglodd gweddill Gwylliaid Hiraethog gyda'u harfau pan glywsant y newydd. Yn un haid, aethant ar drywydd y wiber a thaflu eu gwaywffyn ati. Doedd y rhan fwyaf ddim yn treiddio drwy'i chroen caled ond aeth dwy neu dair gwaywffon drwy groen meddalach ei bol. Gwaedai'r bwystfil a chyda sgrech oer, ehedodd drwy'r awyr a diflannu dan wyneb dyfroedd yr afon. Welodd neb mohoni ar ôl hynny, ond efallai ei bod yno o hyd.

Yr Wybrnant

Celf Draig Goch – Eisteddfod Genedlaethol 2019

Y derwyddon a'r seintiau

Fel pob diwylliant hynafol arall yn y byd, roedd y Celtiaid hefyd yn byw mewn byd o ddreigiau. Mae'u haddurniadau cynharaf yn dangos bod neidr neu ddraig yn rhan fywiog o'u crefydd. Ar dorchau 500 cyn Crist o'r duw Cernunnos, gwelir neidr gorniog o amgylch ei wddf neu'i wasg. Canfuwyd arian a chleddyfau Celtaidd gyda lluniau nadroedd a phennau dreigiau arnyn nhw.

Roedd y sarff neu'r neidr yn bwysig iawn yn nefodau'r derwyddon. 'Gwiberod' oedd yr enw ar rai o'r uchel offeiriaid ac roedd glain neidr neu faen magl yn werthfawr iawn yn eu golwg. Gyda honno, gallent wella afiechydon y llygad. Yn ôl rhai, delwedd o hen grefydd y derwyddon yw'r 'neidr' yn y stori bod Sant Padrig wedi cael gwared â nadroedd Iwerddon. Ar sail y dystiolaeth, mae'r ysgolheigion yn sicr bod y Celtiaid yn arswydo rhag nadroedd a dreigiau ond eu bod â pharchedig ofn ohonynt yr un pryd, a hynny cyn dyfodiad y Rhufeiniaid.

Ers Oes y Seintiau yng Nghymru, adroddwyd straeon am rai o'r seintiau yn ymladd â dreigiau. Sant eithriadol o gryf oedd Samson. Mae carreg gapan anferth ar gromlech Carreg Samson yng ngogledd sir Benfro. Cryfder y sant a gododd y maen hwnnw i'w le yn ôl y chwedl. Bu Samson yn ymladd â draig hefyd. Llwyddodd i glymu gwregys am wddf yr anghenfil, ei lusgo at lan y môr a'i daflu i'r tonnau.

Yng Nghymru, fel mewn gwledydd Celtaidd eraill, mae nifer o groesau Celtaidd cynnar o gyfnod y seintiau. Maent yn dal, yn gerfiedig a chywrain, ac yn aml

mae cylch o amgylch pen y groes. Yn ôl rhai, mae'r cylch yn rhoi nerth i'r groes, yn cynnal ei breichiau o safbwynt y cerfiwr maen. Eto, mae'r cylch yno pan fo'r groes yn llun dau ddimensiwn hefyd, sy'n awgrymu symbolaeth ddyfnach na thric ymarferol i gynnal y breichiau carreg.

1. Carreg Samson, Penfro;
2. Draig mewn tywodfaen, porth eglwys Llanddewi Cil Peddeg;
3. Croes Maen Achwyfan ger Treffynnon, gyda'i haddurniadau Celtaidd cain

Cylch sanctaidd ydi hwn, medd rhai arbenigwyr – 'halo'. Tarian gron yn amddiffyn y ffydd, medd eraill. Yr haul ydi'r cylch, medd eraill wedyn – adlais o'r hen baganiaeth dderwyddol. Mae corff y groes garreg yn ddrych o hen dderwen hefyd, meddent, sef coeden sanctaidd y derwyddon.

Yn sicr, maent yn drawiadol ac yn dal. Rhai o'r rhai talaf yng Nghymru yw Maen Achwyfan, ger Treffynnon, Carreg Brynach, Nanhyfer a Chroes Caeriw, Penfro. Mae'r dalaf yn Iwerddon yn 23 troedfedd o uchder.

Yn ogystal â chofio am ddioddefaint Crist ar y groes, maent yn cyfuno delweddau cynffonnau dreigiau, coed a'r haul o'r hen grefyddau gan asio'r llun Cristnogol gyda lluniau'r derwyddon a'i gwneud hi'n haws i'r grefydd newydd gael ei derbyn.

Mae lluniau dwy ddraig ar rai o'r croesau Celtaidd yn Iwerddon – megis Croes Killamery (Kilkenny). Roedd dwy ddraig yn addurno cleddyfau rhyfelwyr Celtaidd ers yr ail a'r drydedd ganrif cyn Crist, ac yn ôl chwedloniaeth Gymreig i'w gweld ar Galedfwlch, cleddyf y Brenin Arthur. I'r hen Geltiaid, roedd llun y groes yn debyg i lun cleddyf yn y ddaear. Mae'r frwydr honno rhwng y ddwy ddraig i'w gweld hefyd ar gawg defodol o Brno yng Ngweriniaeth Tsiec a ddefnyddid adeg gŵyl Beltane. Mae'n awgrymu'r clystyrau sêr oedd yn amlwg yn yr awyr tua 280 cyn Crist. Mae'r delweddau hyn yn amlwg eto yn ffordd o gyflwyno ffydd newydd ar sail hen ffydd.

O datŵs, i ffilmiau ffantasi, i gemau digidol, i grysau-T, mae'r cleddyfau dreigiog mor boblogaidd ag erioed.

Croes Caeriw, Penfro

Creadigaeth gyfoes ar lun 'cleddyf Arthur'

Draig y Brenin Arthur

Mae'r traddodiad arwrol wedi dylanwadu ar lawer o enwau personol i fechgyn yn y Gymraeg. Er mwyn canmol dewrder a ffyrnigrwydd milwr ar faes y gad, câi'r arwr ei gymharu â chreaduriaid gwylltion, ymladdgar fel blaidd, arth a chi. Rhoddodd y rheiny enwau personol inni: Bleddri, Bleddyn ('fel blaidd'); Cian, Gwrgi ('fel ci'); Brochfael ('fel broch/mochyn daear'); Twrch ('fel baedd') ac wrth gwrs, Arthur, Arthgen ('fel arth'). Daeth yr enwau hyn yn rhai poblogaidd wrth enwi meibion, gyda'r teulu'n gobeithio y byddai'r bychan yn tyfu i fabwysiadu nodweddion gorau'r arwr – yn debyg iawn i sut y bydd meibion heddiw'n cael eu henwi ar ôl arwŷr y bêl hirgron neu'r bêl gron.

Yn y 6ed ganrif, daw'r enw 'Arthur' yn amlwg fel enw ar fechgyn yn y gwledydd Celtaidd. Mae'r cynnydd sylweddol yn y defnydd o'r enw – sydd wedi parhau drwy'r canrifoedd – yn dystiolaeth arall o fodolaeth yr Arthur hanesyddol. Mae cyfeiriadau at yr arweinydd hwn yn y Gododdin, y gerdd hynaf sydd ar gael bellach yn y Gymraeg (o tua'r flwyddyn 600, mae'n bosib), ac yn y chwedl hynaf yn y Gymraeg, Culhwch ac Olwen. Enwyd llawer lle ar ei ôl yng Nghymru, ac yn y testunau Cymreig fel arweinydd galluog a llwyddiannus mewn brwydrau y caiff ei bortreadu. Yn ddiweddarach, yn sgil ei boblogrwydd yn y rhamantau cyfandirol, y caiff ei gysylltu â byd sifalri.

Etifeddodd y Cymry hen diroedd y Rhufeiniaid yng Nghymru. Pan ymadawodd llengoedd yr ymerodraeth, pylodd dylanwad yr iaith Ladin ar yr ieithoedd Celtaidd ac esblygodd y Gymraeg fel iaith yn nechrau'r 5ed ganrif. Hon oedd iaith Arthur.

Etifeddodd y Cymry ffermydd cynhyrchiol, ffyrdd safonol, dinasoedd llewyrchus a mwyngloddiau gwerthfawr ar ôl y cyfnod Rhufeinig yn ogystal. Heb lengoedd Rhufain i'w gwarchod, daeth y rhain yn dargedau i ymosodiadau gan luoedd ffyrnig ac anwar o ogledd Ewrop yn ystod y canrifoedd dilynol. Roedd angen i'r

1. *Moel Arthur, Bryniau Clwyd;*
2. *Maen Arthur, Penrhyn Gŵyr;*
3. *Cromlech Carreg Arthur, Dyffryn Deur*

1

2

3

1

2

3

Cymry ailfeithrin ymladdwyr i amddiffyn eu treftadaeth. Arthur a ddaeth i'w harwain yn y gwaith hwnnw gan drechu'r Sacsoniaid mewn deuddeg brwydr enfawr a sicrhau hanner canrif o heddwch. Cofnodir y deuddeg brwydr yn llyfr hanes brenhinoedd y Cymry; nid oes 'dim yn digwydd' am hanner can mlynedd yn llyfr hanes yr Eingl-Sacsoniaid.

Câi tad Arthur ei adnabod wrth yr enw Uthr Pendragon. Mae ysgolheigion yn credu mai dan ddylanwad y Rhufeiniaid y daeth y gair Lladin 'draco' i'r Gymraeg i roi'r gair 'draig' yn yr iaith ac, yng nghyd-destun arweinwyr, i olygu 'rhyfelwr nerthol'. Disgrifir ymladdwyr grymus yn y Gododdin fel draig neu ddragon. Ymysg y traddodiadau am Arthur y mae un sy'n dweud ei fod yn cario baner â Draig Goch arni mewn brwydr. Yr esboniad y tu ôl i hynny oedd bod ei dad wedi gweld draig danllyd yn yr awyr un tro a bod hynny wedi bod yn arwydd iddo y byddai'n cael ei godi'n frenin rhyw ddydd.

Mabwysiadodd Uthr y ddraig fel delwedd i'w fyddin. Trowyd cymeriad chwedlonol yn ddelwedd i ysbrydoli.

Etifeddodd Arthur y ddraig. Mewn un chwedl amdano cododd faner gyda draig aur arni ar faes y gad er mwyn i'r rhai oedd wedi'u hanafu ac wedi ymlâdd grynhoi oddi tani. Roedd nerth y ddraig yn eu hadfer. Parhaodd y ddraig i dyfu'n symbol o nawdd ac amddiffynfa yn y traddodiad Cymreig – er mai symbol o ofn a pherygl ydyw yn y rhan fwyaf o ddiwylliannau eraill.

1. Pen arwydd y 'Draco' mewn lleng Rufeinig; 2. a 3. Modelau o'r draconarius ym myddinoedd Byzantium a Parthia; 4. 'Dant y Ddraig' yng nghaer Cnwclas yn atgof am chwedl Arthur a'i briodas yno

Draig Rhufain a draig y Cymry cynnar

Dan ddylanwad byddinoedd y Sgythiaid, yr Indiaid, y Persiaid, y Parthiaid a'r Daciaid, mabwysiadodd y Rhufeiniaid yr arfer o gario draig o flaen minteioedd o filwyr. Mae cerfluniau o hynny ar Golofn Trajan yn Rhufain (113 OC) sy'n darlunio byddin y Daciaid. Ym myddinoedd yr Indiaid a'r Parthiaid, câi delwedd o ddraig ei chario o flaen mintai o fil o filwyr a dyna'r drefn a ddilynwyd ym myddinoedd Rhufain o 175 OC ymlaen. Cariwyd y ddraig o flaen pob uned o fil o filwyr a baner yr eryr o flaen lleng gyfan.

Roedd pen y ddraig weithiau'n cael ei greu o fetel gyda safn arian a chorff banerog o sidan iddi. Mabwysiadwyd yr enw *draco* ar y fintai a'r enw ar y swyddog oedd yn arwain y fintai oedd y *draconarius*.

Mae'r ddraig Ewropeaidd, ers cynhanes, yn cael ei darlunio fel creadur mawr (corniog, weithiau), sy'n chwythu tân, gyda chroen cennog, adenydd tebyg i rai ystlum, ar bedair troed gyda chrafanc ewinog, gwrychyn pigog a chynffon dew, droellog. Byddai draig 'dda' yn gwarchod ogof neu gastell llawn aur a thrysorau gwerthfawr ac yn cynnig cynghorion doeth. Byddai draig 'ddrwg' yn destun ymgyrch yn ei herbyn gan sant neu arwr.

Gyda chwymp Ymerodraeth Rhufain, ciliodd y llengoedd, gan gynnwys pob *draco* a *draconarius*, yn ôl i gyfandir Ewrop. Dyna adael arfordir Ynysoedd Prydain yn agored i ymosodiadau gan heidiau o fôr-ladron, cipwyr pobl i'w gwerthu'n gaethweision ac, yn ddiweddarach, lladron tir. Heidiau Germanaidd o ogledd Ewrop oedd y rhain – o Ffrisia, Anglia, Sacsoni, Jutland – oedd wedi llygadu cyfoeth y gweithfeydd mwyn a'r dinasoedd Rhufeinig ym Mhrydain ers blynyddoedd.

Yn yr ieithoedd Germanaidd a Nordig, *wyrm* neu *orm* oedd eu gair am ddraig neu sarff fôr. Mae rhai enwau lleoedd ar hyd glannau Cymru yn adleisio enwau'r lluoedd hynny ar fannau fel Penygogarth, ger Llandudno, oedd yn cael ei gweld ganddynt o'u llongau yn debyg i ddraig fôr – 'Orme's Head'.

1. Draig y Daciaid ar Golofn Trajan;
2. a 3. Mosaic o ddreigiau ar loriau adfeilion Rhufeinig

1
2
3

Roedd delwedd o ddraig yn addas i ymosodwyr a rheibwyr fel hyn ac yn cyd-fynd â chymeriad y ddraig yn eu chwedloniaeth. Hyd heddiw, mae draig ar arwyddlun Gwlad yr Haf; roedd teyrnas Wessex yn arfer arddel draig aur (ar ddwy goes) ar ei baner ac roedd draig wen yn symbol a gariai'r Sacsoniaid ar eu tarianau.

Pan esblygodd y Gymraeg o'i mamiaith Geltaidd ar ddechrau'r 5ed ganrif, cadwodd y Cymry at y defnydd Rhufeinig o'r ddraig fel pennaeth milwrol. Pan fu farw Carfan, Brenin Prydain yn y cyfnod hwnnw, gwelodd Uthr, ei frawd, belen o dân yn ymledu o safn draig yn ei freuddwyd. Esboniodd y dewin Myrddin mai arwydd mai Uthr oedd i'w godi i orsedd Prydain oedd hwnnw. Ar ei orchymyn, crëwyd dwy ddraig aur i'r brenin newydd – un i'w chadw yn Esgobaeth Caer-wynt a'r llall i'w chario gan ei fyddin i frwydr. Dyna'r esboniad traddodiadol pam ei fod yn cael ei adnabod fel Uthr Bendragon gan y Cymry.

Gwisgai Arthur, ei fab, symbol y ddraig ar ei helmed ar faes y gad yn ôl Sieffre o Fynwy, a ysgrifennodd ei lyfr *Historia Regum Britanniae* tua 1136.

Gwelwn y traddodiad o alw brenin neu arweinydd milwrol wrth yr enw 'draig' yng ngwaith Gildas, mynach oedd yn awdur llyfr hanes tua 540. Mae'n cyfeirio at Faelgwn Gwynedd, oedd yn ben-brenin ar rannau helaeth o Gymru, fel *insularis draco* – 'draig yr ynys'. Gall yr 'ynys' olygu Môn, neu efallai Brydain gyfan, ond y defnydd o'r term 'draig' sy'n ddiddorol. Mewn cerdd o'r 11eg ganrif a gofnodwyd yn Llyfr Coch Hergest, mae bardd yn cyfeirio at y brenin Gruffudd ap Llywelyn fel 'draic o Wynedd'.

Mewn cerddi cynnar o waith Aneirin a Thaliesin, defnyddid yr enw 'draig' i gyfleu medr a grym fel ymladdwr. Daw'r farddoniaeth hon o'r 6ed ganrif, o gyfnod y brwydrau rhwng y siaradwyr Cymraeg ym Mhrydain a'r siaradwyr Germanaidd pan ddechreuodd yr ymosodwyr o ogledd Ewrop ddwyn tiroedd lle mae gogledd Lloegr heddiw. Gelwir milwyr fel Owain a Gwallog yn 'ddreigiau' ar faes y gad.

Un arall a gysylltir yn draddodiadol â'r ddraig yw Cadwaladr ap Cadwallon, enw a nodir yn aml fel brenin Celtaidd olaf Ynys Prydain. Teyrnasai ym mlynyddoedd pla enbyd y Fad Felen a ymledodd wrth i lygod

Penygogarth, Llandudno – y graig a gâi ei hadnabod fel 'orm' neu ddraig fôr gan y Llychlynwyr

mawr gario'r haint ar longau yn 664 ac eto wedyn yn 682. Oherwydd bod gan y Cymry ddolennau masnachu cryf â de Ewrop, eu porthladdoedd a'u pobl hwy a gafodd eu taro gan y pla. Diboblogwyd llawer o'u tiroedd yn nwyrain Prydain a manteisiodd y Sacsoniaid – nad oeddent â'r un cysylltiadau Ewropeaidd – ar y tiroedd gwag i ymsefydlu arnyn nhw.

Cadwaladr, yn ôl traddodiad, oedd y brenin Cymreig cyntaf i arddel y ddraig ar faner (yn hytrach na cherflun ar bolyn neu fel enw yn unig). Brwydrodd yn erbyn y Sacsoniaid a'r ddraig yn cyhwfan uwch ei fyddin. Ildiodd ei orsedd yn 688 i fynd ar

Maen coffa'r brenin Cadwaladr yn eglwys Llangadwaladr, Môn

bererindod i Rufain wedi clywed proffwydoliaeth y byddai'r fath ymdrech ac aberth yn sicrhau buddugoliaeth derfynol i'r Cymry yn erbyn y Sacsoniaid. Oherwydd y weithred Gristnogol hon, rhoddwyd yr enw Cadwaladr Fendigaid arno.

Cedwir y cof am ei enw a'i weithredoedd yn eglwys Llangadwaladr, Môn. Wyth can mlynedd yn ddiweddarach, roedd disgynnydd i deulu arall o Ynys Môn yn defnyddio baner y ddraig gan arddel ei berthynas â Chadwaladr. Roedd yr achau hynny, fe honnai, yn cyfreithloni ei hawl i eistedd ar orsedd Llundain. Harri Tudur – a ddaeth yn Harri VII – oedd y disgynnydd hwnnw.

Dros y canrifoedd, drwy waith haneswyr a beirdd, chwedleuwyr ac achyddion, roedd hen frenhinoedd y Cymry yn cael eu cysylltu'n agos â symbol y ddraig. Roedd delwedd y ddraig yn bwysig wrth ganmol dewrder a gallu rhyfelwyr. Daeth cenhedloedd eraill i sylweddoli fod y ddraig yn bwysig i'r Cymry, nid yn unig fel arwydd yr arweinydd neu ysbrydoliaeth yr ymladdwr, ond fel llun oedd yn cynrychioli'r genedl gyfan.

Cerflun cyfoes o ddraig ym Meddgelert, un o 'bentrefi Llywelyn Fawr'

Draig y Tywysogion Cymreig

Wrth i'r brwydro yn erbyn y Normaniaid barhau yng Nghymru am ddau can mlynedd yn hwy nag yn Lloegr, tyfodd arwyddocâd newydd i'r ddraig goch yng Nghymru.

Wedi can mlynedd o frwydro, roedd y Cymry wedi ennill buddugoliaethau nodedig ac wedi rhyddhau'r rhan fwyaf o ogledd a gorllewin y wlad o'u crafangau. Gyda'u chwedlau – a hanes Sieffre o Fynwy – yn gefn iddyn nhw, tyfodd y myth nad oedd y Brenin Arthur wedi marw ond ei fod yn cysgu mewn ogof gyda'i fyddin, yn disgwyl y dydd i arwain y Cymry i'w rhyddid. Roedd y beirdd yn canu cerddi darogan, yn proffwydo y byddai hen arwyr y Cymry yn codi eto i'w cynorthwyo i wrthwynebu'r Normaniaid. Arthur, Cadwaladr, Cynan – y rhain oedd y 'dreigiau darogan'. Wrth ddadeni'r cof amdanyn nhw, yn naturiol roedd y ddraig hithau'n cael ei hadfywio.

Wedi cyhoeddi *Historia Regum Britanniae* (tua 1136), cafodd y Cymry gyfres o fuddugoliaethau nodedig. Chwalwyd y Normaniaid ym mrwydr Crug Mawr ger Aberteifi ac yn fuan, sefydlwyd yr Arglwydd Rhys fel yr arweinydd cryfaf yn ne Cymru. Enillodd Owain Gwynedd frwydrau yn y gogledd ac wedi iddo uno Cymru gyfan yn un fyddin a gyrru llu anferth Harri II adref o fynyddoedd y Berwyn â'u cynffonnau rhwng eu coesau yn 1165, nid arweiniodd yr un brenin arall o Loegr fyddin i Gymru am hanner can mlynedd.

Dechreuodd y Normaniaid ofni myth y ddraig goch a'i effaith ar ysbryd y Cymry. Aeth Edward I cyn belled â chloddio i dir cysegredig Ynys Wydr, Gwlad yr Haf, lle'r oedd hen goel yn cysylltu'r lle ag Afallon. Cyhoeddwyd bod 'bedd Arthur' wedi ei ddarganfod. Dangoswyd 'esgyrn Arthur a Gwenhwyfar ei wraig' i'r cyhoedd, gan 'brofi' unwaith am byth bod stori'r Cymry am ailenedigaeth bosibl yr arweinydd yn ddim byd ond myth celwyddog. Mewn gwirionedd, profwyd yn ddiweddarach mai hanes ffug a drefnwyd gan y myneich yn Ynys Wydr oedd y 'darganfyddiad', er

Ffenest Sieffre o Fynwy ym mhriordy Trefynwy

mwyn codi statws y llecyn ar lwybr pererinion.

Ond yr oedd Arthur, a'r hawl ar 'goron Ynys Prydain', yn gwneud y Normaniaid yn nerfus. Tenau iawn oedd eu hawl i feddiannu a rheoli. Concro Lloegr drwy ennill brwydr Hastings a wnaethant a hynny oedd yr unig sail i'w hawdurdod – dwyn y goron drwy ladd Harold. Gyda'r Cymry yn eu trechu yn barhaus ac yna llyfr Sieffre o Fynwy yn cadarnhau eu hawl hwythau i goron Llundain, daeth hi'n bryd i frenhinoedd Plantagenet Lloegr ddefnyddio dipyn o bropaganda canoloesol. Enwyd un o dywysogion teulu'r Plantagenet yn 'Arthur' (Dug Llydaw) yn 1187.

1. Ynys Wydr, Gwlad yr Haf;
2. Y llain a nodwyd fel 'Bedd Arthur' gan y myneich canoloesol;
3. Y geiriau sy'n nodi mai celwydd oedd 'darganfyddiad' y myneich;
4. Model o ben a choron Arthur yn y Tŵr Du, castell Caernarfon, lle ceir arddangosfa ar obsesiwn Arthuraidd Edward I

1

2

Yn 1190, cariodd Richard I faner y ddraig ar flaen y Groesgad yn Messina ac yna yng ngwlad yr Iddewon. Ar ei ôl yntau, roedd byddin ei frawd, John, yn cario'r ddraig a Harri III yn ei defnyddio mewn defodau yn San Steffan yn 1244 a hyd yn oed wrth frwydro yn *erbyn* y Cymry yn 1245 ac 1257. Dyma'r ffordd yr oedd y brenhinoedd estron hyn yn ceisio cyfreithloni eu hawl i reoli gwledydd yr ynys.

Wedi brwydr Lewes yn 1264, pan drechwyd Harri III gan luoedd Simon de Montfort a gefnogid gan Lywelyn ap Gruffudd, ni chwifiwyd draig arall gan frenin o Loegr yn erbyn achos y Cymry.

3

Parhaodd Edward I gyda'i obsesiwn i fod yn Arthur arall ond erbyn 1267, roedd Llywelyn ap Gruffudd yn cael ei gydnabod fel Tywysog Cymru gan goron Llundain

4

1

2

hyd yn oed. Roedd hynny, i raddau, yn cydnabod mai uchelgais i lywodraethu'u hunain o fewn tiriogaeth Cymru oedd y nod bellach.

Pan laddwyd Llywelyn yng Nghilmeri yn 1282, roedd ei farwnad enwog yn defnyddio'r term hanesyddol 'draig' o fewn y cyd-destun Cymreig. Meddai am Lywelyn: 'Pren dragon, pen draig oedd arnaw'.

Gwelwyd draig ar faes brwydr Crécy (1346) pan oedd miloedd o wŷr bwa saeth o Gymru yn rhan o fyddin Edward III yn erbyn y Ffrancwyr. Ond roedd baner San Siôr wedi'i hen sefydlu'i hun fel baner y goron Seisnig ers dyddiau'r croesgadwyr. 'St George!' oedd cri ryfel y Saeson yn Poitiers (1356) ac Agincourt (1415), a baner y sant hwnnw o Fôr y Canoldir a ddaeth yn symbol cenedlaethol i Loegr.

Methodd y Normaniaid â pherswadio'r Cymry mai hwy oedd biau coron Arthur a ffyrnigodd yr ymdrech i wrthsefyll eu gormes. Cynyddodd hefyd amlygrwydd y ddraig fel symbol o annibyniaeth y Cymry.

1. a 2. Dreigiau mewn llawysgrifau canoloesol

Gwaredwr y Cymry

Fel Uthr ac Arthur, roedd Llywelyn ap Gruffudd yn gwisgo arwyddlun y ddraig ar ei helmed. Pan laddwyd Llywelyn yng Nghilmeri yn 1282, gorchfygwyd y Gymru annibynnol ei llywodraeth. Ond parhaodd y ddraig yn arwyddlun ohoni. Mewn gwirionedd, cynyddodd y defnydd a wnâi'r Cymry o'r ddraig. Am dair canrif ar ôl 1282, mae llenyddiaeth Gymraeg yn llawn gobaith am arwyr yn dychwelyd, am arweiniad cenedlaethol ac am fuddugoliaethau yn erbyn 'y ddraig wen'. Mae'r Ddraig Goch yn dod yn symbol o waredwr a allai ryddhau'r genedl.

Roedd ffydd y Cymry yn chwedl Arthur yn amlwg yn peri pryder yn Lloegr. Fwy nag unwaith, gwelwyd brenhinoedd Llundain yn ceisio tanseilio cred y Cymry nad oedd Arthur wedi marw a'i fod eto'n disgwyl am y dydd i'w harwain i ailfeddiannu coron Lloegr, fel y'i gelwid bellach. Yn 1170, cododd Harri II yntau esgyrn y dywedid eu bod yn perthyn i sgerbwd Arthur yn Ynys Wydr, er mwyn profi bod yr hen frenin wedi marw. Mae'n debyg i'r brenin John drefnu llofruddio'i nai, Arthur o Lydaw, rhag i hwnnw fanteisio ar y chwedl a cheisio'i ddiorseddu gyda chymorth y Cymry.

Nid Arthur oedd yr unig enw ar yr arweinwyr hanesyddol a fyddai'n dod i wared y Cymry rhag iau'r Saeson. Byddai nifer o'u harweinwyr cynnar yn dychwelyd i'r gad, gan gynnwys Cadwaladr a Chynan sy'n cael eu henwi yn y gerdd 'Armes Prydain' tua 930 fel arweinwyr cynghrair Geltaidd a fyddai'n dathlu'r fuddugoliaeth derfynol yn erbyn y ddraig wen.

O'r 12fed ganrif ymlaen, enw Owain yw ffefryn y cerddi proffwydo. Roedd Owain ab Urien yn arwr cynnar arall a dderbyniodd fawl am ei ddewrder a'i ffyddlondeb ym marddoniaeth Taliesin yn y 6ed ganrif. Mae'n bosib iawn bod defnyddio'r enw hwn yn deyrnged i Owain Gwynedd yn ogystal, a enillodd glod y beirdd am ei fuddugoliaethau yn erbyn Harri II.

Arwr arall oedd Owain Lawgoch (*c.*1300–1378). Milwr cyflogedig ar y Cyfandir oedd Owain, yn or-nai i Lywelyn ap Gruffudd a gororwyr i Lywelyn Fawr.

Carreg Llywelyn yng Nghilmeri

1

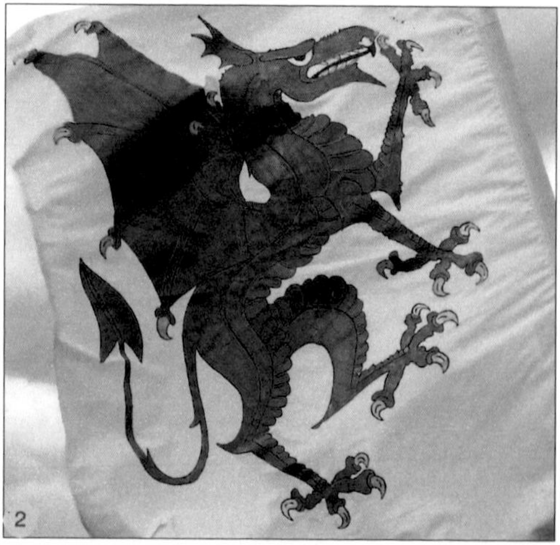

2

3

Câi ei adnabod gan y Ffrancwyr fel 'Yvain de Galles' a gwasanaethu brenhinoedd Ffrainc yn erbyn coron Lloegr fu ei yrfa filwrol. Yn 1372, cafodd gefnogaeth brenin Ffrainc i gychwyn ymgyrch i arwain llynges i Gymru i adennill y wlad i etifedd y ddau Lywelyn. Cafodd ei atal gan storm enbyd a'i gorfododd i lochesu ar ynys Guernsey a chofnodir ei wrhydri yno drwy gân a chwedl. Ofnai Lloegr y byddai'n rhoi cynnig arall arni a threfnwyd i lofrudd cyflogedig o'r Alban – John Lamb – glosio ato, ffugio cyfeillgarwch a'i ladd â chyllell yn ystod gwarchae ar Mortagne-sur-Gironde yn Aquitaine.

Mewn cywydd gan un o gyfoeswyr Iolo Goch, mae disgrifiad o eiddgarwch y Cymry i groesawu Owain atynt i'w harwain i drechu'r hen elyn. Dyma gyfnod y 'cywyddau brud' – cywyddau yn proffwydo dyfodol disglair i genedl y Cymry:

Blwyddyn yw hon, gron, gryno,
I'r ddraig wen roi ei phen ar ffo,
A'r ddraig goch, lwybr wrthgroch lid,
A'i hamlwg ffagl a'i hymlid.

1. a 2. Ailgodi Draig Glyndŵr ar gopa Twtil; 3. Cofio Owain Lawgoch yn Mortagne-sur-Gironde yn Aquitaine, Ffrainc

Nid oedd y Ddraig Goch yn cael ei chysylltu â theulu penodol nac yn rhan o herodraeth teuluoedd tywysogion Cymru. Yn hytrach, roedd yn symbol o'r genedl gyfan, ac o annibyniaeth y genedl.

Wedi i Owain Lawgoch gael ei ladd, codwyd gobeithion y Cymry gan Rhosier Mortimer, etifedd Richard II oedd yn ddisgynnydd i Rhodri Mawr. Meddai Iolo Goch wrth ei annerch mewn cywydd: 'gwaed y ddraig goch . . . y sy ynoch'. Bu farw Rhosier Mortimer yn ŵr ifanc yn 1398.

A hithau'n droad canrif arall, cododd calon y Cymry eto wrth i seren Owain Glyndŵr ymddangos yn y ffurfafen. Cyfeirir ato yntau fel 'draig' ac roedd yr arwyddlun hwnnw ar ei helmed.

Pan ddaeth Owain a'i fyddin enfawr i warchae ar gastell Caernarfon yn Nhachwedd 1401, cododd ei ystondard: 'draig euraid ar faes gwyn'. Dathlwyd yr ymosodiad hwnnw chwe chan mlynedd yn ddiweddarach drwy 'ail-lunio' draig aur ar gefndir gwyn, ond mae nifer o arbenigwyr yn dweud bellach mai draig 'ruddaur' fyddai honno, gyda'r lliw yn cynrychioli'r melyngoch hwnnw sy'n cael ei gysylltu â thân.

Wrth arddel arwyddlun y ddraig, roedd

Owain Glyndŵr yn cysylltu'i hun a'i wrthryfel â safiad y Cymry dros eu rhyddid o genhedlaeth i genhedlaeth. Roedd brenhinoedd, a thywysogion Gwynedd yn arbennig, yn cael eu galw'n 'ddreigiau' gan eu beirdd yn amlach na'r un ddelwedd arall. Erbyn cyfnod Llywelyn ap Gruffudd (a gyhoeddwyd yn Dywysog Cymru yn 1258), roedd gan y Cymry fyddin broffesiynol oedd yn gwisgo lifrai gwyrdd a gwyn. Yn ôl yr haneswyr, dyna oedd lliwiau'r garfan Gymreig ym mrwydr Crécy yn 1346, gan fod y milwyr cyntaf mewn brwydr ar y Cyfandir oedd yn gwisgo eu lifrai cenedlaethol.

Erbyn canol y 14eg ganrif felly, roedd y Ddraig Goch yn arwyddlun o'r genedl a gwyn a gwyrdd yn lliwiau cenedlaethol. Defnyddiwyd y lliwiau hynny fel maes i lun y Ddraig Goch ar faner Harri Tudur wrth iddo orymdeithio drwy Gymru i ddenu cefnogwyr i'w rengoedd cyn mynd benben â lluoedd Richard III yn 1485.

Cofeb i Owain Glyndŵr yng Nghorwen

'Arwyddair' y Ddraig

Bob hyn a hyn, gwelwn 'arwyddair' am y Ddraig Goch yn cael ei arddel fel rhyw wirionedd tragwyddol am ein hanes cenedlaethol. Mae geiriau cân 'Gwyneddawg' yn y cylchgrawn *Cymru* (1907, t. 147) yn enghraifft o hyn:

"Y Ddraig Goch a ddyry gychwyn"

'Ddraig goch a ddyry gychwyn' –
Arwyddair Cymru Fu,
Sydd heddyw'n chwifio yn y gwynt
Gan alw'r dewrion lu
I sefyll dros eu rhyddid
Yn gadarn fel y graig,
Ac ymladd fel ein tadau gynt
Dan faner werdd y Ddraig.

Dyfyniad o gywydd Deio ap Ieuan Du (*c.*1450–80) o Langynfelyn, Ceredigion yw'r llinell 'Y ddraig goch ddyry cychwyn' ond yn wahanol i'r gred boblogaidd, nid arwyddair cenedlaethol, ysbrydoledig mohoni. Mae llawer wedi ceisio cyfleu'r llinell yn Saesneg drwy 'gyfieithiadau rhydd' fel hyn:

The red dragon inspires action
The red dragon will lead the way
The red dragon should go forward
The red dragon will rise again
The red dragon gives impetus.

Mae'r addasiadau hyn yn awgrymu slogan wladgarol am ddadeni cenedlaethol. Ond mewn gwirionedd, cyfieithiadau llac iawn ydyn nhw o linell sy'n disgrifio tarw, ac o bosib, organ rywiol y bwystfil hwnnw! Cyfansoddodd y bardd y cywydd i ddiolch i Siôn ap Rhys o Aberpergwm, Glyn Nedd am darw coch i roi gwasanaeth i fuwch. Mae'r llinell wedi'i thynnu o'i chyd-destun yn llwyr gan ei bod yn rhan o gwpled sy'n disgrifio yr hyn a wna tarw wrth ei waith:

Y ddraig goch ddyry cychwyn
A'r ucha'r llall ar ochr llwyn.

Mae'n enghraifft hyfryd o gamgyfieithu a chamddeall hanes. Crëwyd degau o arfbeisiau dros y canrifoedd sy'n cynnwys y llinell, gan gynnwys Bathodyn Brenhinol Cymru a fabwysiadwyd yn 1807. Mae'r bathodyn hwnnw yn cynnwys draig ar ei thraed ôl ar dir gwyrdd, gyda choron

Un o gartwnau Kelt Edwards ar gyfer ricriwtio i'r Rhyfel Byd Cyntaf

Lloegr uwch ei phen a'r arwyddair amaethyddol ar ruban o'i hamgylch. Y bathodyn disynnwyr hwn oedd sail y 'faner newydd i Gymru' a gyflwynwyd yn ystod blynyddoedd cyntaf Elizabeth II ar orsedd Llundain.

Mae camddeall treftadaeth Cymru a'r Gymraeg yn hen draddodiad brenhinol yn Lloegr. Rhoddodd Edward I y teitl 'Tywysog Cymru' ar Edward ei fab yn 1301 gan sefydlu patrwm sydd wedi parhau, er nad oes dilysrwydd o unrhyw fath iddo. Ar faes brwydr Crécy yn 1346, cafodd Edward y Tywysog Du (1330–1376) afael ar faner brenin Bohemia a laddwyd ar y maes hwnnw. Tair pluen estrys gyda'r arwyddair Almaeneg 'Ich Dien' oedd ar honno. Daeth yn arwyddlun 'swyddogol' i'r 'Tywysog Cymru' swyddogol ers hynny, a gwnaed ymdrechion i'w fabwysiadu fel symbol Cymreig. Plu estrys (na fu erioed o fewn cof dyn yn byw ar dir Cymru), brenin o Fohemia, arwyddair Almaeneg a thywysog o Loegr – mae'r cyfan yn gawlach diystyr arall.

Draig y Tuduriaid

Un o deulu Penmynydd, Môn oedd Owain Tudur (1400–61), yn ddisgynnydd i ganghellor Llywelyn Fawr a nai i Rhys ap Tudur a ddienyddiwyd yn 1412 am ei ran yng ngwrthryfel Glyndŵr. Mudodd Owain i Lundain gan ddal swyddi yn llys Harri V ond pan fu farw'r brenin hwnnw, daeth yn gariad i'w weddw, Catrin o Valois. Roedd hi'n ferch i frenin Ffrainc a phriododd y ddau yn gyfrinachol yn 1429. Collodd Owain ei amddiffynnydd pan fu farw Catrin yn 1436. Roedd llawer o wenwyn ato yn y llys brenhinol a chymerwyd ei bum plentyn oddi arno. Cefnogodd achos y Lancastriaid a daeth yn ôl i ffafr, ond cafodd ei ddal gan yr Iorciaid ym mrwydr Mortimer's Cross a'i ddienyddio ar sgwâr y farchnad yn Henffordd.

Daeth dau o'i blant, Edmwnd Tudur (*c*.1430–56), sef tad Harri Tudur, a Siasbar Tudur (*c*.1431–95), yn amlwg yn achos y Lancastriaid. Wedi marwolaeth Harri VI yn 1471, roedd olyniaeth y teulu'n disgyn ar ysgwyddau ifanc Harri (1457–1509). Wedi cyfnod o alltudiaeth yn niogelwch Llydaw, hwyliodd Harri yn ôl i Benfro yn 1485. Ar

Cerflun o Harri Tudur yn nhref Penfro (uchod) a Phlas Penmynydd, Môn (dde)

1

2

3

flaen ei fyddin, roedd baner Draig Goch enfawr.

Unwaith eto, roedd hen chwedloniaeth y Cymry'n cael ei defnyddio i godi'r ysbryd cenedlaethol.

Eisoes roedd y beirdd wedi mynegi gobeithion bod arweinydd newydd a gwrthryfel newydd ar y ffordd. Canodd Robin Ddu o Fôn gywydd marwnad i Owain Tudur yn rhagweld dyddiau gwell:

> Draig wen ddibarch yn gwarchae
> A draig goch a dyr y cae.

Canodd Dafydd Nanmor gywydd i Siasbar Tudur, ewythr Harri, tua 1453–56 ac mae'n cynnwys adlais o ddraig eurgoch Glyndŵr: y 'ddraig felen/A ddyry gwymp i'r ddraig wen'. Yn ddiweddarach, 'draig Wynedd' yw'r enw ar Harri Tudur mewn cywydd gan Lewys Glyn Cothi.

Roedd achos y Tuduriaid yn gwbl effro felly i ddyheadau cenedlaethol y Cymry, ac yn gweld cyfle i asio'r rheiny wrth uchelgais y Lancastriaid i drechu Richard III a rhoi coron Llundain i Harri.

1. Arfbais Elizabeth I – yn cynnwys y Ddraig Goch – ar yr Hen Farchnad yng nghanol Amwythig; 2. Dreigiau ar arfbais ar blasty Hen Neuadd y Penrhyn ger Llandudno – cartref teulu bonedd y Puwiaid; 3. Mae draig i'w gweld uwch y drws i Gatws Rhiw Goch ger Trawsfynydd sy'n cadarnau pwysigrwydd y lle fel Maenordy'r Goron.

Rhys Fawr a'r Ddraig Goch

Yn eglwys Ysbyty Ifan, mae arch garreg a cherflun alabaster o'r 16eg ganrif o Rhys ap Maredudd a Lowri ei wraig, o Blas Iolyn. Câi ei adnabod fel 'Rhys Fawr' ac roedd yn uchelwr a milwr profiadol, a daeth yn arweinydd ar fyddinoedd yn ardal Nant Conwy a thros Wynedd i gyd. Yn 1485, ef oedd arweinydd byddin y rhan honno o'r wlad a aeth i gefnogi Harri Tudur ac ymladd yn erbyn byddin Richard III, brenin Lloegr, ar Faes Bosworth. Yno hefyd y gwnaeth ei gyfraniad i ddyrchafu baner y Ddraig Goch.

Chwarter Cymro oedd Harri, er ei fod wedi'i eni yng nghastell Penfro. Owain Tudur, ei daid o deulu Tuduriaid Penmynydd, Môn, oedd y cysylltiad Cymreig – fel y gwelwyd, roedd hwnnw wedi priodi Catrin o Valois, gweddw brenin Lloegr. Yn y cyfnod hwnnw roedd llawer o ddeddfau cosb yn erbyn y Cymry – cafodd y rhain eu disgrifio fel y deddfau mwyaf hiliol a welwyd yn Ewrop yn yr Oesoedd Canol. Doedd dim llawer o groeso i Owain Tudur yn y llys brenhinol ac un o'r cyhuddiadau yn ei erbyn oedd ei fod wedi priodi Saesnes heb ganiatâd (er mai Ffrances oedd Catrin o Valois). Yn y diwedd dienyddiwyd Owain Tudur ar sgwâr y farchnad yn Henffordd yn ystod y rhyfel cartref a'r ymgiprys am y goron yn Lloegr. Wedi geni Harri Tudur yn 1457, daeth yn ffefryn gan un garfan oedd am ei weld yn eistedd ar orsedd Lloegr. Roedd bywyd y llanc mewn perygl oherwydd hynny, ac yn 1471 aeth ei ewythr Siasbar ag ef i loches yn Llydaw. Yn 1485, daeth yr amhoblogaidd Richard III i'r orsedd yn Llundain. Tyfodd y gefnogaeth i Harri. Henry of Lancaster oedd ei deitl yn Lloegr, ond Harri Tudur i'r Cymry, a gwyddai yntau fod yn rhaid iddo gael ymladdwyr o Gymru i'w gynorthwyo yn ei frwydr.

Wedi bod yn alltud yn Llydaw am 14 blynedd, glaniodd gyda byddin o tua 4,000 yn ne Penfro ar 7 Awst 1485. Ei ddull o gyhoeddi wrth y wlad ei fod yn falch o'i dras Gymreig oedd cael clamp o Ddraig Goch ar flaen ei fyddin. Gŵr o'r enw William Brandon oedd yn ei chario ac

Cerflun arch Rhys Fawr yn eglwys Ysbyty Ifan

roedd hon yn ysbrydoli'r Cymry. Teithiodd y fyddin ar gyflymder da, rhyw 20 milltir y dydd. Enillodd gefnogaeth y Cymry o bob cwr ac yn eu mysg, byddin nerthol o Wynedd a Nant Conwy gyda Rhys Fawr yn ei harwain. Cyn croesi'r ffin am Amwythig, daeth byddinoedd y Cymry ynghyd ar fynydd Cefn Digoll uwchben y Trallwng a bron nad oedd pob milwr yng Nghymru y tu ôl i Ddraig Goch Harri Tudur y diwrnod hwnnw.

Roedd Draig Goch Harri tua 12 troedfedd o hyd, yn ôl y sôn, a defnyddiodd y lliwiau gwyrdd a gwyn yn gefndir iddi am y tro cyntaf, mae'n debyg. Gwyrdd a gwyn oedd lliwiau lifrai'r milwyr Cymreig – gwŷr bwa saeth yn bennaf – a ymladdodd ym mrwydrau Lewes (1264), Crécy (1346) ac Agincourt (1415). Dyna liwiau'r genhinen, llysieuyn cenedlaethol y Cymry.

Yn ôl traddodiad, roedd byddin Gymreig ar ei ffordd i ymladd byddin o Sacsoniaid ond roedd hi'n dywydd niwlog ac roedd hi'n anodd gwahaniaethu rhwng dilladau'r ddwy fyddin. Ar anogaeth Dewi Sant – yn ôl y chwedl – gwisgodd y Cymry gennin oedd yn tyfu mewn cae cyfagos. Aethant i'r frwydr – a chario'r dydd. Byth ers hynny, mae'r genhinen yn annwyl iawn gennym ac yn arbennig felly adeg dathliadau Gŵyl Dewi. Ond cred rhai fod y traddodiad yn llawer hŷn nag Oes y Seintiau a'i fod yn mynd â ni yn ôl i gyfnod y derwyddon. Rhwng 1895 ac 1901, dillad hanner-hanner gwyrdd a gwyn a wisgai'r Cymry wrth chwarae pêl-droed rhyngwladol.

Ar faes Bosworth yng nghanolbarth Lloegr ar 22 Awst, daeth 7,000 o filwyr Harri Tudur wyneb yn wyneb â 10,000 o filwyr Richard III. Gwelodd Richard fod y Ddraig Goch uwch catrawd arbennig o'r fyddin a gyrrodd ei wŷr meirch ar eu hunion i ymosod ar y milwyr hynny. Gwyddai na fyddai Harri Tudur ymhell o'r faner honno. Lladdwyd William Brandon, cariwr y ddraig. Ond roedd Rhys Fawr o Ysbyty Ifan wrth ei ymyl. Cododd y Ddraig Goch i'r awyr. Gyda bloedd, rhedodd ymlaen i wynebu'r gelyn. Daeth Nant Conwy, Gwynedd a Chymru gyfan yn gefn iddo. Cyrhaeddodd byddin William Stanley a'i rhengoedd o ogledd-ddwyrain Cymru faes yr ymladd ar yr union adeg honno. Wedi ymladd ffyrnig, lladdwyd Richard III a choronwyd Harri Tudur yn Harri VII ar faes y gad.

I'r Cymry, y Ddraig Goch oedd wedi cario'r dydd. A doedd neb yn haeddu mwy o glod na Rhys Fawr am gario'r ddraig yn y frwydr honno. Ni welodd y brenin newydd fawr o ddiben cadw'r cysylltiad Cymreig – ar ôl cael ei goroni yn Llundain, ni ddychwelodd i Gymru fyth wedyn.

Wedi buddugoliaeth Bosworth, bu'r Tuduriaid mewn grym hyd 1603. Parhaodd y teulu – pob un ond Mari – i ddefnyddio'r Ddraig Goch yn rhan o'u harwyddlun nes i uncorn teulu'r Stiwardiaid o'r Alban ei diorseddu. Cadwyd at y myth mai'r Cymry oedd yn rheoli. Enwodd Harri ei fab cyntaf yn Arthur, gan dalu teyrnged amlwg i'w linach. Ond mewn gwirionedd bu'r 16eg ganrif yn gyfnod o dynnu Cymru'n dynnach o dan lywodraeth coron Lloegr a thocio ar annibyniaeth Cymru. Erbyn y ganrif ddilynol, daethpwyd i ystyried y Ddraig Goch fel arwyddlun Tuduraidd, gan anghofio am y cysylltiad Cymreig a dibrisio'i harwyddocâd yn hanes y Cymry.

Ailgread o faner Harri Tudur ar faes Bosworth

Baner heb wladwriaeth

Wedi cyfnod y Tuduriaid ar orsedd Llundain, diflannodd y Ddraig Goch am gyfnod o herodraeth deddf a grym gwladwriaeth. Dychwelodd am gyfnod byr o dan awdurdod Oliver Cromwell o bawb – ond roedd hynny oherwydd casineb at uncorn y Stiwardiaid yn hytrach na chariad at genedl y Cymry! Nid oedd gan Gymru fawr o lais na dylanwad ar y drefn oedd yn ei rheoli dros y canrifoedd dilynol.

Un eithriad oedd teulu'r Llwydiaid – y Lloyds erbyn hynny – yn Rhiw Goch, Trawsfynydd. Daeth un ohonynt, Robert Lloyd, yn Aelod Seneddol dros Feirionnydd yn 1586 a gwariodd y teulu i ailadeiladu'r plasty yn 1610. Bryd hynny rhoddwyd maen yn wal allanol y gatws ac arno arfbais sy'n cael ei chynnal ar y llaw dde gan ddraig.

Ond er bod llinach y Tuduriaid wedi arddel y Ddraig Goch yn rhan o'u harfbeisiau, nid oedden nhw'n cydnabod Cymru fel gwlad. Ail-ffurfiodd Harri VII Gyngor Cymru a'r Gororau i lywodraethu'r tiroedd hynny, ond yn Llwydlo – sydd bellach yn Lloegr – yr oedd hwnnw'n cyfarfod.

Aeth ei fab, Harri VIII, gam ymhellach. Llyncodd Gymru i fod yn rhan o Loegr mewn cyfres o ddeddfau yn 1536 ac 1542. Cafodd Cymru ei dileu a'i chynnwys yn atodiad i'r deyrnas fawr. Nid oedd Cymru yn bod fel gwlad. Ac felly'n naturiol, nid oedd angen baner arni. Roedd croes San Siôr yn gwneud y tro iddi a phan grëwyd 'baner yr Undeb' yn 1606, roedd baner

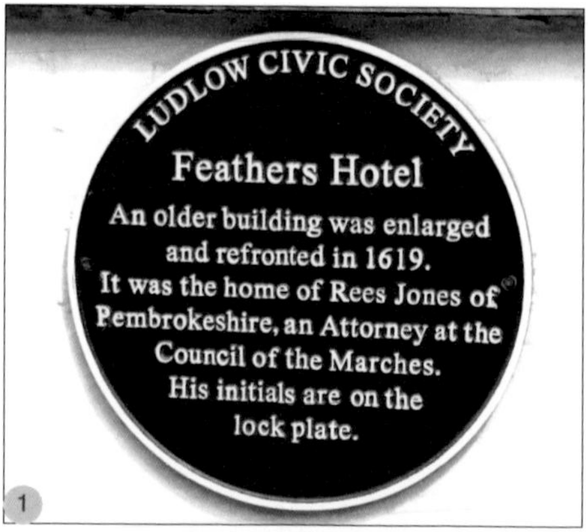

1. Cartref un o swyddogion Cyngor Cymru a'r Gororau yn Llwydlo; 2. Cynhelid y Cyngor yn yr adeilad hwn yn Amwythig ar dro, neu yn un o gestyll Seisnig y Gororau

2

Lloegr yn cynnwys Cymru wrth ei chyfuno â baneri'r seintiau Padrig ac Andreas.

Cadwyd y cof yn fyw, er hynny, am faner fawr y Ddraig Goch ar gefndir gwyn a gwyrdd a gynullodd fyddin enfawr o bob cwr o Gymru yn 1485. Cadwyd y cof am Owain Glyndŵr, tad y Gymru fodern gyda'i weledigaeth am senedd Gymreig, gweinyddiaeth a chyfraith Gymreig, eglwys Gymreig a phrifysgolion Cymreig. Y ddraig oedd arwyddlun y weledigaeth honno.

Cynnal eu diwylliant heb arweiniad na chefnogaeth uchelwyr (ar wahân i ambell eithriad) na gwladwriaeth fu hanes y Cymry. Sefydlwyd ysgolion annibynnol, lleol i ddysgu darllen. Ffynnodd y wasg a chynyddodd y nifer o lyfrau a gyhoeddwyd gan arwain at y don enfawr o bapurau newydd a chylchgronau Cymraeg yn y 19eg ganrif. Ffurfiwyd cymdeithasau diwylliannol a Gorsedd y Beirdd, a thyfodd yr Eisteddfod Genedlaethol yn sefydliad dylanwadol a phoblogaidd. Nid eiddo brenhinol na llywodraethol oedd y Ddraig

1. Draig ar raglen Eisteddfod Genedlaethol;
2. Saer cadair gerfiedig Eisteddfod Dolwyddelan

Goch yng Nghymru bellach, ond eiddo'r werin.

Cydiodd dau fudiad yn arbennig yn y faner ac maen nhw'n ymgorfforiad o ddwy agwedd ar falchder cenedlaethol – edrych yn ôl ac edrych ymlaen. Dathlu hynafiaeth ein traddodiad llenyddol oedd un o ddibenion sefydlu Gorsedd y Beirdd (a elwir bellach yn Gorsedd Cymru). Mae ysgolheigion bellach yn gytûn bod hanfod gweledigaeth Iolo Morganwg yn gywir – sef bod gwreiddiau barddoniaeth gaeth Gymraeg yn mynd â ni yn ôl dros dair mil o flynyddoedd – yn ôl yn wir i gyfnod y cylchoedd derwyddol a'r meini hirion. Dathlu'r hynafiaeth yma y mae'r Orsedd a thyfodd yr Eisteddfod yn llwyfan i'r traddodiad hwnnw barhau a thyfu.

Yr ail fudiad a fabwysiadodd y Ddraig Goch, fel y gwelir yn nes ymlaen, oedd y mudiad gwladfaol yng nghanol y 19eg ganrif. Oherwydd tlodi a gormes gwleidyddol a chrefyddol, roedd dosbarth o bobl yn ymfudo'n rheolaidd o Gymru i'r Byd Newydd erbyn hynny. Er na wnaeth y wlad ddioddef cymaint o'r diboblogi hwn ag a wnaeth Iwerddon neu Ucheldiroedd ac Ynysoedd yr Alban, roedd y wlad yn dal i golli dawn a menter yr alltud. Sefydlwyd

Mae'r ddraig yn amlwg ar holl faneri a regalia Gorsedd Cymru

mudiad i geisio annog yr ymfudwyr i grynhoi at ei gilydd a chreu Cymru Newydd yn y Byd Newydd. Baner y Ddraig Goch oedd yn cael ei chario i'r Byd Newydd hwnnw.

Draig yr Orsedd

Yng Ngorsedd y Beirdd a'r Eisteddfod, roedd gan Gymru sefydliadau cenedlaethol oedd yn ei galluogi i sefyll ymysg y cenhedloedd Ewropeaidd 'newydd' oedd yn canfod eu hunain o ganol y 19eg ganrif ymlaen. Yn wyneb dilorni a bychanu cynyddol ar Gymreictod gan y sefydliad a'r wasg Saesneg, y rhain – a'r iaith Gymraeg – oedd tarian y Cymry. Er eu bod yn sefydliadau oedd yn seiliedig ar draddodiad hir, caent eu diwygio a'u 'moderneiddio' yn gyson er mwyn dangos mai cenedl flaengar, eang a deallus ei diwylliant oedd y Cymry. Cynhwyswyd adran wyddonol a chyngherddau clasurol yn yr Eisteddfod. Tyfodd cynulliadau'r Orsedd yn orymdeithiau mawreddog, llawn lliw a regalia, gan ddatblygu yn y man i gynnwys arweinwyr sifig lleol, diwydianwyr ac arweinwyr crefyddol.

Wrth i nifer y baneri gynyddu, felly hefyd y symbolau a'r delweddau cenedlaethol. Arwydd amlycaf Gorsedd y Beirdd o'r dechrau yw'r 'nod cyfrin' a ddyfeisiwyd gan y saer maen, Iolo Morganwg ei hun – tri phelydryn o'r haul, yn cynrychioli Gwirionedd, Cyfiawnder a

Chariad. Yna, defnyddiwyd arwyddion derwyddol a Chymreig eraill i addurno gorymdeithiau, cylchoedd meini, cadeiriau eisteddfodol a regalia'r Orsedd – dail y dderwen, aeron uchelwydd, y genhinen, y delyn, yr afr a'r eryr.

Wrth i'r gwaith o drefnu'r Eisteddfodau gynyddu ac wrth i'r torfeydd gynyddu yn eu miloedd o'r 1860au ymlaen yn sgil y rhwydwaith o reilffyrdd oedd bellach yn hwyluso teithio ar hyd ac ar draws y wlad, cynyddodd y galw am gyhoeddusrwydd a hysbysebu.

Yn y wasg leol yn dilyn Eisteddfod

Y dreigiau yn amlwg yng ngorymdaith Gorsedd Cymru yn Aberteifi wrth gyhoeddi'r Eisteddfod yn haf 2019

Fawr Llangollen, 1858, disgrifwyd gorymdaith y Gorseddogion: 'Ar y blaen roedd baner y Ddraig Goch wedi'i dylunio gan Taliesin o Eifion'. Defnyddiwyd llun y Ddraig Goch ar raglenni testunau, posteri a baneri, ac yn y man yng ngherfwaith y cadeiriau barddol, y baneri gorymdeithio ac fel cynheilydd y Corn Hirlas seremonïol a ddyluniwyd gan William Goscombe John yn 1897. Cyfunwyd y delweddau Cymreig â'r don o ysbrydoliaeth Geltaidd oedd yn cerdded drwy Ewrop ar y pryd. Cyfrannodd nifer o arlunwyr a chynllunwyr nodedig ac arloesol at y ddelwedd newydd hon, Hubert von Herkomer, Athro Celf Slade, Rhydychen ac Arlunydd Penygarn yn eu mysg.

Yn adroddiad John Williams Ab Ithel, trefnydd Eisteddfod Fawr Llangollen 1858,

CROESO
i
DDYFFRYN
CONWY
B&B

CROESO / WELCOME
EISTEDDFOD

ceir disgrifiad o'r pafiliwn a godwyd ar gyfer 5,000 o bobl. Ar y llwyfan, meddai, uwchben sedd y llywydd, roedd Draig Goch Cymru wedi'i phaentio ar gynfas – draig bum neu chwe throedfedd o hyd, ac ar flaen gorymdaith yr Orsedd roedd llumanwr yn cario baner Draig Goch.

Yn eu cyfrol *Y Gadair Farddol*, mae Richard Bebb a Sioned Williams yn olrhain hanes y gadair eisteddfodol. Mae eu hymchwil a'u lluniau cain yn dangos twf sylweddol yn y defnydd o'r Ddraig Goch ymysg y delweddau cerfiedig ar y gadair o Eisteddfod yr Wyddgrug, 1873 ymlaen. Maent hefyd yn nodi bod nifer o gymdeithasau Cymreig yn ei harddel yn ystod y ganrif.

Erbyn diwedd y ganrif honno, fodd bynnag, pan oedd y wasg Gymreig ar ei hanterth, y mudiadau Cymreig a gwleidyddiaeth Cymru yn rhoi mwy o sylw i bynciau Cymreig a'r diddordeb mewn hanes Cymru, addysg Gymraeg a chysylltiadau Celtaidd ar gynnydd, gorseddwyd y Ddraig Goch fel ein prif symbol cenedlaethol. Mae'r Eisteddfod a'r Orsedd yn dangos eu bod yn ymwybodol o hynafiaeth ac ystyr y symbol, ac yn ei ddefnyddio yn gyson ar faneri ac i addurno ei regalia.

Chwith: Llun John Thomas o feirdd Llanrwst adeg Eisteddfod Llanrwst 1876; enghreifftiau o faneri croeso i'r Eisteddfod Genedlaethol yn Llanrwst, 2019.
Dde: Cefn cadair Llandudno 1896

Draig Patagonia

Bu ymfudo yn rhan o batrwm hanes Cymru drwy nifer o ganrifoedd. Ymfudo i Lundain yn bennaf a welwyd yn ystod teyrnasiad y Tuduriaid – aeth Cymry yno yn gyfreithwyr, yn frethynwyr a chrefftwyr. Dilynwyd y rheiny gan y porthmyn a'r gwerthwyr llaeth yn ddiweddarach. Roedd dinasoedd fel Lerpwl a Bryste hefyd yn cynnwys elfen gref o boblogaeth o Gymru.

Yn fuan iawn, roedd Gogledd America yn ddeniadol i Gymry oedd yn chwilio am fywyd newydd a chyfle newydd. Aeth gormes a dirwasgiad yr ardaloedd diwydiannol â minteiau o weithwyr i lofeydd a ffwrneisi dur yr Unol Daleithiau. Aeth tlodi a chaledi byw dan fawd y meistri tir ac Eglwys Loegr ag eraill i chwilio am dir a chyfle i greu cymdeithasau Cymraeg, rhydd.

Erbyn canol y 19eg ganrif, roedd mudiadau gwladfaol Cymreig. Roedd y rhain yn ceisio annog y rhai oedd yn ymfudo i grynhoi at ei gilydd yn y 'Byd Newydd', i godi capeli ac ysgoldai a chynnal cymdeithas gyda'r bwriad o gadw'r Gymraeg yn iaith fyw. Llwyddid i wneud hynny am genhedlaeth, ond tuedd y genhedlaeth nesaf oedd ymdoddi i'r gymdeithas Americanaidd, er i sawl cymuned a chapel Cymreig oroesi i'r 20fed ganrif.

Y freuddwyd a wreiddiodd yn araf oedd cynllunio 'Gwladychfa Gymreig' – sef creu gwladwriaeth annibynnol fyddai'n medru llywodraethu'i hun yn Gymraeg, amddiffyn yr iaith a'r bobl a goroesi. Coloneiddio yw hynny, meddai rhai. Mae eraill yn gweld mai ffoaduriaid rhag cyfraith a threfn estron oedd y rhain, a oedd yn cael eu gyrru i chwilio am gartref newydd. Yn sicr, nid creu ymerodraeth oedd y bwriad a godro'r cyfandir newydd er budd y brifddinas a phobl y plastai mawr yn ôl yn Ewrop. Nid oedd gan y Cymry eu gwladwriaeth eu hunain ar eu tir eu hunain, a chreu un ar dir newydd oedd y nod. Dadleuodd Michael D. Jones fod y Cymry eisoes yn gwerthu gwartheg, defaid a gwlân i Loegr ac na ddylai neb lwgu o fewn ffiniau'r wlad. Ond roedd camlywodraeth Llundain yng Nghymru yn arwain at ymfudo:

> O drin y ddaear yn well, a chau ei chyffredin diroedd i fewn, gellid dyblu

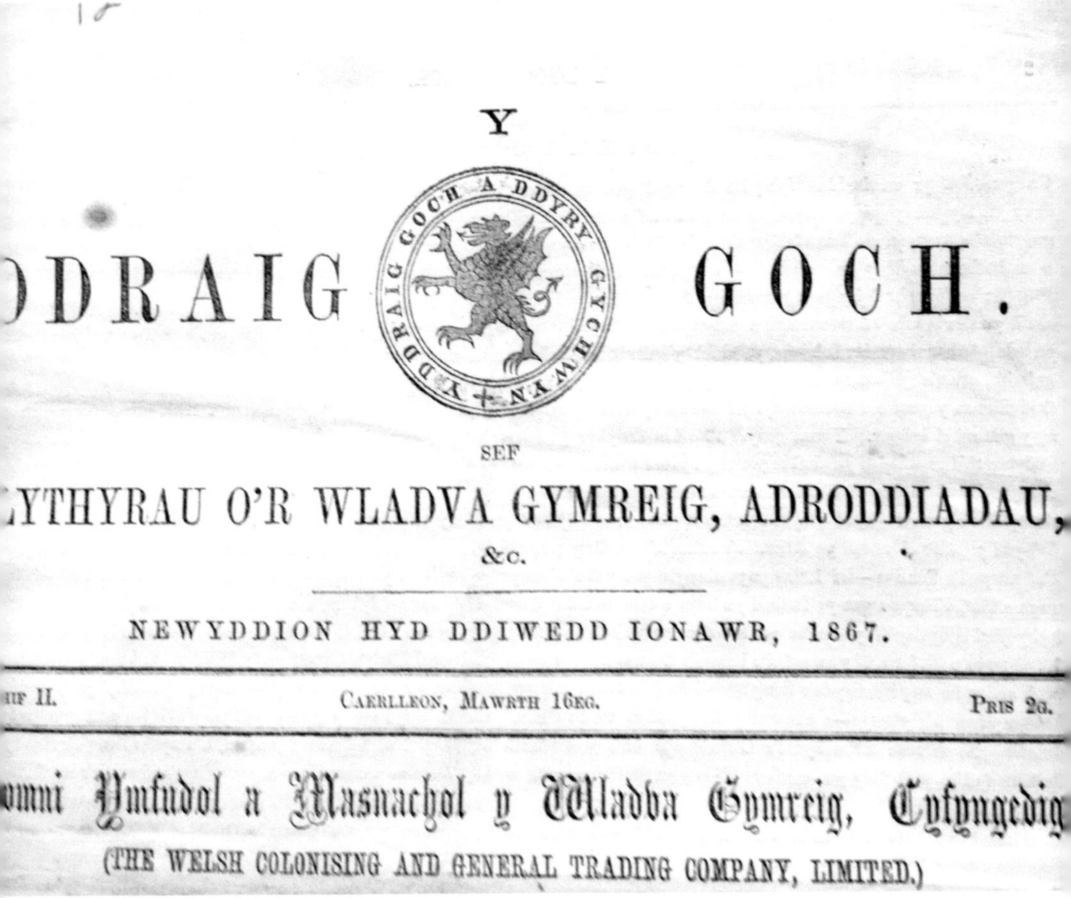

Y

DDRAIG GOCH.

Y DDRAIG GOCH A DDYRY GYCHWYN

SEF

LYTHYRAU O'R WLADVA GYMREIG, ADRODDIADAU,

&c.

NEWYDDION HYD DDIWEDD IONAWR, 1867.

HIF II.	CAERLLEON, MAWRTH 16EG.	PRIS 2G.

omni Ymfudol a Masnachol y Wladva Gymreig, Cyfyngedig

(THE WELSH COLONISING AND GENERAL TRADING COMPANY, LIMITED.)

Un o gyfnodolion y Wladfa a gyhoeddwyd yng Nghymru

EVANS & BURKEY LTD.

ei chynnyrch. Mae adnoddau mewnol Cymru, a chymeryd ei glo, haiarn, llechau, plwm, a phres i fewn, yn fwy nag eiddo California . . . y mae tref neu drefi i gyfodi ar lan *Milford Haven*, neu ryw fan arall yn y De, cyfartal mewn pwys ond odid i Lynlleifiad. Mae gallu dwrol (water power) Cymru yn ddi-ail.

Sefydlwyd gwladfeydd Cymreig yn Newfoundland (1616–1636), Massachusetts (1662), Pennsylvania (1682), Philadelphia (1795), Tennessee (1856), Kansas (1857) a Missouri (1864). Yna gwelwyd bod yn rhaid chwilio am dir heb drefn lywodraethol ganolog fel bod lle i drefn y Cymry ffynnu. Llygadwyd Brasil a cheisiwyd creu cartref i griw bychan o Gymry yno yn 1850, ond ymyrrodd swyddogion y wlad yn eu cynlluniau a daeth hynny i ben yn 1854.

Cofeb yn Lerpwl i nodi ymadawiad y Mimosa

Yna, dechreuwyd sôn am Batagonia, rhanbarth eang o'r Ariannin nad oedd wedi'i wladychu gan Ewropeaid eto. Sefydlwyd mudiad, gyda Michael D. Jones o'r Bala yn ei arwain. Cynhaliwyd cyfarfodydd drwy Gymru i bwysleisio bod yn rhaid i ymfudwyr fod ag ymwybyddiaeth genedlaethol Gymreig. Er bod rhyddid rhag y gormes gartref yn ysgogi'r ymfudo, roedd yn rhaid gosod amcan uwch, meddid, ac ymroi i greu gwladwriaeth newydd. Bwriad y mudiad oedd gwneud trefniadau gyda llywodraeth yr Ariannin, sicrhau tir a hawliau a chydweithrediad ac yna trefnu rhannu'r ffermydd, a chreu 'senedd' a chwmni masnachu i'r wladychfa.

Yn anffodus, roedd Prydain wedi meddiannu Ynysoedd y Malvinas yn 1833 ac yn eironig iawn, roedd yr Archentwyr yn

NO PISAR
1

1904 2004
Capilla Seion Esquel
Cien años
2

3

Model o'r Mimosa
yn Amgueddfa Forwrol Lerpwl

llywodraeth Buenos Aires yn ddrwgdybus o fwriadau'r Cymry, gan gredu mai Saeson oedden nhw! Addawyd tir i'r gwladychwyr yn 1864, ond nid yr hawl i greu gwladwriaeth Gymreig iddyn nhw eu hunain, na chwaith fwyd nac anifeiliaid. Aeth y mudiad yn ei flaen i gasglu enwau ymfudwyr. Cafwyd nawdd uchelwr o'r enw Love Jones-Parry i logi llong o'r enw'r *Mimosa* ac ym Mai 1865, hwyliodd o'r Victoria Dock yn Lerpwl gyda thros 150 o Gymry ar ei bwrdd oedd â'u bryd ar greu Cymru newydd, radical, Anghydffurfiol, Gymraeg.

Wrth hwylio i aber afon Merswy, roedd y Ddraig Goch yn cyhwfan ar y *Mimosa*.

1. Dau o dai te Patagonia; 2. Capel Cymraeg yn yr Andes; 3. Eisteddfod yn y Wladfa

1

2

3

Meddai Joseph Seth Jones, un o'r ymfudwyr, mewn llythyr yn ddiweddarach:

> ... dacw y "Ddraig Goch" yn gwneyd ei hymddangosiad ar ben yr hwylbren uchaf, gan syllu, mae'n debyg, ar y tyrfaoedd mawrion a oedd ar bob llaw yn gwylied ein hamadawiad.

Siom oedd yn disgwyl y gwladychwyr cyntaf hyn fodd bynnag. Daethant i'r lan ym Mhorth Madryn heb fwyd na dŵr croyw, a hithau'n aeaf. Roedd eu tiroedd ddeugain milltir i ffwrdd ond nid oedd tai nac anifeiliaid ar eu cyfer. Ymhen deufis, a hwythau'n dechrau cael trefn ar bethau, daeth mintai o filwyr a swyddogion y llywodraeth yno ac ar y 15fed o Fedi, 1865, codwyd baner yr Ariannin a chynhaliwyd defod yn rhoi hawl ymsefydlu i'r Cymry yng Ngweriniaeth yr Ariannin. Dyna ddiwedd ar freuddwyd y wladychfa ym Mhatagonia.

Dros gant a hanner o flynyddoedd yn ddiweddarach, mae rhyw 3,000 o'r boblogaeth yno yn dal i siarad Cymraeg. Mae tair ysgol Gymraeg yn y fro, yn ogystal ag eisteddfodau, amgueddfeydd a chapeli Cymraeg. Ac mae'r Ddraig Goch yn rhan o faner y Cymry yno hyd heddiw.

Yn 2004, ffurfiwyd Clwb Rygbi'r Ddraig Goch yn y Gaiman, yn bennaf i hyrwyddo'r gêm ymysg y plant. Bellach mae gan y clwb dîm oedolion, timau dan 18, dan 16 ac oedrannau eraill a charfan o 30 o ferched. Yn Chwefror 2019, aeth Mike Downey, blaenasgellwr clwb rygbi Caernarfon, i'r Wladfa i ddysgu yn Ysgol Gymraeg y Gaiman ac i hyfforddi a chwarae gyda chriw Clwb y Ddraig Goch.

1. Ysgol Gymraeg yr Andes, Trevelin; 2. Ysgol yr Hendre, Trelew; 3. Baner Patagonia

GAIMAN
DRAIG GOCH
R.C

Draig Cymru Fydd

Erbyn diwedd y 19eg ganrif mae delwedd y Ddraig Goch yn cael ei defnyddio'n gyson mewn cerddi, mewn cyfrolau, ac mewn cyfnodolion i gynrychioli'r gobaith am well yfory. Mae'r symbol yn cyfuno Cymreictod, arwyr ddoe, a goroesiad y Gymraeg a'n holl ddiwylliant. Mewn un faner y mae'n holl ysbrydoliaeth i barhau ac i ddal ati.

Y prif fudiad gwladgarol ar ddiwedd y ganrif honno oedd mudiad Cymru Fydd – ac roedd y Ddraig Goch yn amlwg ar ei gyhoeddiadau.

I GODI'R HEN WLAD YN EI HÔL

Chwi ddewr fechgyn Cymru, cyfodwn,
mae'n bryd,
Cyhwfan mae'r faner yn hy,
A geiriau gwladgarwch sydd arni o hyd
Yn siarad o'r oesau a fu
Am hen dywysogion,
Eu beirdd a'u llenorion,
Rhyw swyn sy'n cynesu pob côl;
Awn ati tan ganu,
Mae'r faner i fyny,
I godi'r hen wlad yn ei hôl.

Mae hynafiaeth y Ddraig Goch yn cael ei ddathlu a'i ddefnyddio i ysgogi'r Cymry i weithredu: 'Draig Goch ein Arthur chwifir/Yn nyddiau Cymru fydd,' canodd R. Gwmrin Jones (*Cymru* IV [1893], t. 234). Yng ngeiriau Gwaenfab o'r Bala (*Cymru* IV [1893], t. 247): 'Chwifiwn faner rhyddid Cymru,/Cawn roi gormes yn ei fedd.'

Erbyn chwarter olaf y 19eg ganrif, roedd gan fudiad radicalaidd, rhyddfrydol Cymru ei lais cyhoeddus ei hun yn y wasg. Un o'r papurau hynny oedd yr wythnosolyn *Y Genedl Gymreig* (1877–1937) a sefydlwyd yng Nghaernarfon. Yn 1884 daeth yn eiddo i Gwmni'r Wasg Genedlaethol Gymreig oedd yn defnyddio logo'r Ddraig Goch yn amlwg ar ei lyfrau hanes Cymru (1893), a hefyd ar y cylchgrawn *Cymru* a gyhoeddwyd dan olygyddiaeth O. M. Edwards o 1892 ymlaen.

Yn Ninbych, cyhoeddwyd *Baner ac Amserau Cymru* ddwywaith yr wythnos o

Cerdyn Nadolig Cymraeg cynnar o Wasg y Brython a rhai o gyhoeddiadau'r wasg Gymraeg: Cymru, Y Genedl Gymreig

1861 ymlaen. Roedd yn gefn i'r werin ac yn ddylanwadol ar faterion fel degwm yr eglwys wladol, hawliau tenantiaid amaethyddol a hunanlywodraeth i Gymru. Pan fabwysiadodd arwyddlun o dan y pennawd, roedd yn gydnaws ag enw'r papur ac yn cynnwys y ddraig yn elfen ohono.

Urdd Gobaith Cymru a'r Ddraig Goch

Mae teulu o'r Parc ger y Bala wedi cadw llythyrau Ifan ab Owen Edwards at Morris ap Morris Jones, Llanuwchllyn, perthynas iddynt. Morris ap, neu 'Ap' fel y'i gelwid, oedd arolygwr safle Glan-llyn pan ddaeth y plasty a'r tir i ddwylo Urdd Gobaith Cymru yn 1950. Drwy lythyr yr anfonai llywydd y mudiad ei gyfarwyddiadau gwaith i'r Ap, ac mae llythyr a yrrwyd ym Mai 1951 yn datgelu pa mor bwysig oedd baner y Ddraig Goch yn ei olwg.

Yr achlysur oedd bod 300 o bwysigion yn dod i Lan-llyn, yn rhan o ryw ddigwyddiad i ddathlu'r 'Festival of Britain' ymhen ychydig wythnosau. Roedd sylfaenydd yr Urdd yn benderfynol o'i nod: 'mi gânt weld y Ddraig Goch fwyaf y gallaf i gael gafael arni yn chwifio oddi arno' (sef y polyn, oedd i'w godi o flaen y plasty).

Mae'r cyfarwyddiadau yn y llythyr yn fanwl eithriadol – roedd y polyn (un o bolion Glynllifon) ar ei ffordd ar gefn lorri, yn 30′–40′ o hyd, ac yn rhodd gan David Tudor, Trawsfynydd. Roedd y polyn i gael o leiaf dwy gôt o baent, cap o blwm ar ei ben, *creosote* o gwmpas ei fôn a chwe 'stanchon' i'w sicrhau rhag y gwynt:

> a chofio rhoi pwli ar ei flaen i gymryd y rhaff – a bydd yn rhaid gofalu am adnewyddu'r rhaff yn rheolaidd bob blwyddyn o leiaf neu rhaid cadw mwnci i fynd i ben y polyn bob tro y tyr y rhaff!

Erbyn y 'Festival' roedd Draig Goch bedair neu bum llath o hyd ar y polyn.

1. Car Mistar Urdd yn dangos lliwiau'r faner a'r Ddraig Goch; 2. Gwersyll cyntaf yr Urdd yn Llanuwchllyn, haf 1928; 3. Bathodyn cyntaf yr Urdd; 4. Cynllun baner yr Urdd, gyda'r rhifau yn dynodi lliwiau gwahanol ar gyfer pob Adran

2

3

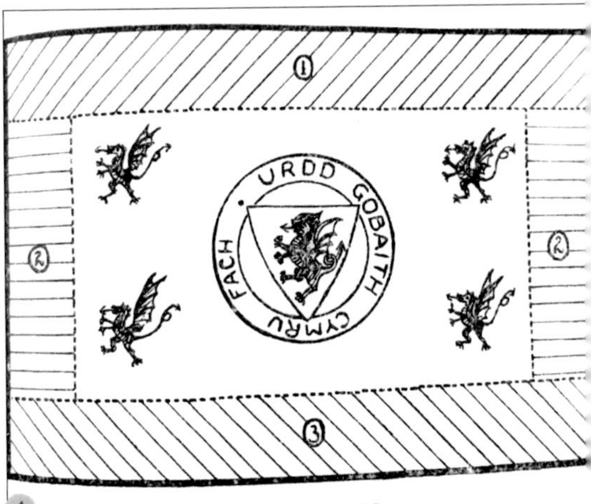

4

BANER YR URDD.

Mae'r hanesyn yn driw i weledigaeth yr Urdd o'r dechrau. Dyma fudiad a wnaeth fwy na'r un arall i ledaenu'r defnydd o'r faner genedlaethol yn y 1920au a'r 1930au. Sefydlwyd y mudiad drwy lythyr yn apelio at wladgarwch plant Cymru yn y cylchgrawn *Cymru'r Plant*, Ionawr 1922 – cylchgrawn oedd bob amser yn defnyddio delweddau o'r Ddraig Goch ar ei glawr. Roedd draig hefyd ar fathodyn cyntaf yr Urdd. Pan gynlluniwyd bathodyn newydd i'r Urdd, cadwyd at liwiau'r faner – gwyrdd, coch a gwyn.

Yn Eisteddfod Genedlaethol Pwllheli 1925, cynhaliodd yr Urdd ei gyfarfod cyhoeddus cyntaf drwy lwyfannu eitemau gan adrannau lleol gydag anerchiadau cefnogol gan rai o arweinwyr y genedl yng nghapel yr Ala. Addurnwyd y llwyfan gyda dreigiau.

Erbyn Eisteddfod Genedlaethol Abertawe, roedd yr Urdd wedi llunio ei faner ei hun i'w harddangos ar lwyfan ei gyfarfod yno – gyda draig ym mhob cornel o'r faner a draig ar fathodyn y mudiad yn ogystal. Cynigiwyd y cynllun hwn i bob Adran, gan ddynodi lliwiau gwahanol i bob un. Yn fuan, aeth yr Urdd ati i drefnu gorymdeithiau i Adrannau a chafwyd cyfres o rai torfol, banerog.

1. Llun cynnar o Adran Llansannan;
2. Adran Treuddyn – adran gyntaf yr Urdd;
3. Logo dathliad 50 mlwyddiant yr Urdd yn cynnwys bathodyn trilliw yr Urdd gyda phen y ddraig

2
Urdd Gobaith Cymru Fach

3
JIWBILI
50
ADRAN
TREUDDYN
URDD
GOBAITH
CYMRU
1922
1972

Cynhaliwyd gwersyll cyntaf yr Urdd ar faes ger gorsaf Llanuwchllyn, ac mae'r llun ohono'n dangos bod y polyn a'r Ddraig Goch ar ei ben yn cael lle canolog ynddo. O sylwi ar fôn y polyn, gwelir ystyr y term 'stanchon' yn llythyr Ifan ab Owen.

Yn un o rifynnau *Cymru'r Plant* yn y 1930au, mae Ifan ab Owen yn tynnu sylw at gastell Harlech:

> Perthyn i Gymru mae'r castell, – perthyn i werin Cymru; eto ni chânt chwifio'r Ddraig Goch ar ei ben. Yr unig faner a geir ei chwifio yw'r 'Union Jack'. Yn sicr, yr unig faner a ddylid ei chwifio yno yw Draig Goch Cymru.
>
> Mynned Cymru barch, mynned ei hawliau.

Gyda hynny o eiriau syml, daeth ymateb hanesyddol.

Creodd eisteddfodau a gorymdeithiau'r Urdd alw cenedlaethol am faneri'r Ddraig Goch. Ceir yn *Yr Aelwyd*, un o gylchgronau'r Urdd, hysbysebion am faneri Draig Goch oedd ar gael o swyddfa'r mudiad.

> Llwyddwyd i gael cyflenwad newydd o faneri Draig Goch i'w gwerthu i Adrannau ac Aelwydydd. Y maent o lathen o led hyd at bedair llath. Ceir y Ddraig wedi ei stampio ar rai, ac wedi ei gwnïo ar y lleill. Gwnaed y cyfan o bunting ac mewn lliwiau da. Fel rheol, y mae cryn alw am y baneri hyn oddeutu adeg yr Eisteddfodau Cylch a Sir, ac felly rhoddwn y manylion amdanynt isod. Gorau po gyntaf i anfon archeb i Swyddfa'r Urdd, Aberystwyth, gan amgau blaendal. Gan mai cyflenwad bychan sydd gennym, ni allwn sicrhau y pery rhagor na mis neu ddau.

PRISIAU

Wedi eu stampio			**Wedi eu gwnïo**		
1	**llathen**	**9/6**	**2½**	**llathen**	**£2/10/0**
1½	"	**16/6**	**3**	"	**£3/7/6**
2	"	**£1/5/0**	**4**	"	**£5/2/6**
3	"	**£2/14/0**			

Roedd y mudiad yn sicrhau cyflenwad o faneri o faint hwylus i'w gosod ar feic, beic modur neu gar hefyd. Gellid archebu'r rhain yn faneri sidan neu frethyn, 9 modfedd wrth 4½ modfedd am 3/6, neu rai 6 modfedd wrth 3 modfedd am 2/6, wedi'u gwnïo wrth ffon ddur ryw droedfedd o hyd.

1. Ailgread o faner Adran Treuddyn, yn dangos y lliwiau;
2. a 3. Rhannau o orymdeithiau'r Adrannau lleol yng Nghaernarfon a Threorci yn 1927

1

2

3

Draig Goch ar gastell Caernarfon

Dydd Gŵyl Dewi, 1931. Roedd gŵr o'r enw J. E. Jones o Felin-y-wig yng Nghaernarfon a sylwodd, gyda braw a dicter, mai baner Iwnion Jac a chwifiai ar Dŵr yr Eryr, prif dŵr y castell.

Roedd y Ddraig Goch wedi cael ei derbyn fel baner Cymru ers canrifoedd – hi yw'r faner genedlaethol hynaf yn y byd, yn dyddio'n ôl i gyfnod y brenin Cadwaladr (655–682) a chwedl Dinas Emrys cyn hynny. Ond doedd y sefydliad Prydeinig ddim yn ei derbyn – dywedodd Winston Churchill nad oedd y ddraig yn mynegi dim byd ond 'spite, malice, ill-will and monstrosity'! Bu sawl ffurf ar faner y ddraig, gan gynnwys fersiwn 'frenhinol' gyda choron uwch ei phen, ond derbyniwyd y fersiwn bresennol, goch, gwyrdd a gwyn, yn 1959 a hynny wedi ymgyrch gan Orsedd y Beirdd.

Ond yn ôl yn 1931, prin iawn y gwelid y Ddraig Goch yn gyhoeddus – hyd yn oed ar Ŵyl Ddewi neu yn ystod eisteddfodau

Dwy Ddraig Goch ar Dŵr yr Eryr, castell Caernarfon yn ein dyddiau ni

cenedlaethol. Dyn yn edrych tua'r dyfodol oedd J. E. Jones. Ysgrifennodd at David Lloyd George, cwnstabl y castell, yn gofyn am hedfan y Ddraig gyfuwch â'r Iwnion Jac y flwyddyn ganlynol. Anfonwyd y llythyr yn ei flaen at swyddog bach yn y swyddfa adeiladau cyhoeddus. Derbyniwyd ateb swta, trahaus yn dweud 'Na'.

Doedd J. E. Jones, trefnydd Plaid Cymru o'i swyddfa yng Nghaernarfon, ddim yn un i dderbyn ergyd o'r fath yn dawel. Cyhoeddodd y llythyr yn y wasg a chyffrowyd miloedd o gyd-Gymry. Gofynnwyd cwestiynau gan aelodau seneddol Cymreig yn Nhŷ'r Cyffredin ond parhau i wrthod yr oedd yr awdurdodau.

Cyn deg o'r gloch ar fore Dydd Gŵyl Dewi 1932, roedd llanc mewn siaced ledr, helmet moto-beic a gwydrau mawr tywyll yn talu chwe cheiniog er mwyn cael mynediad i'r castell. Roedd rycsac ar ei gefn. Yn honno roedd clamp o ddraig goch, ddeg llath o hyd. Cyn hir, roedd ar ben Tŵr yr Eryr yn sefyll dan y polyn Iwnion Jac. J. E. Jones oedd y llanc moto-beic.

Cyn hir, daeth tri i ymuno ag ef – E. V.

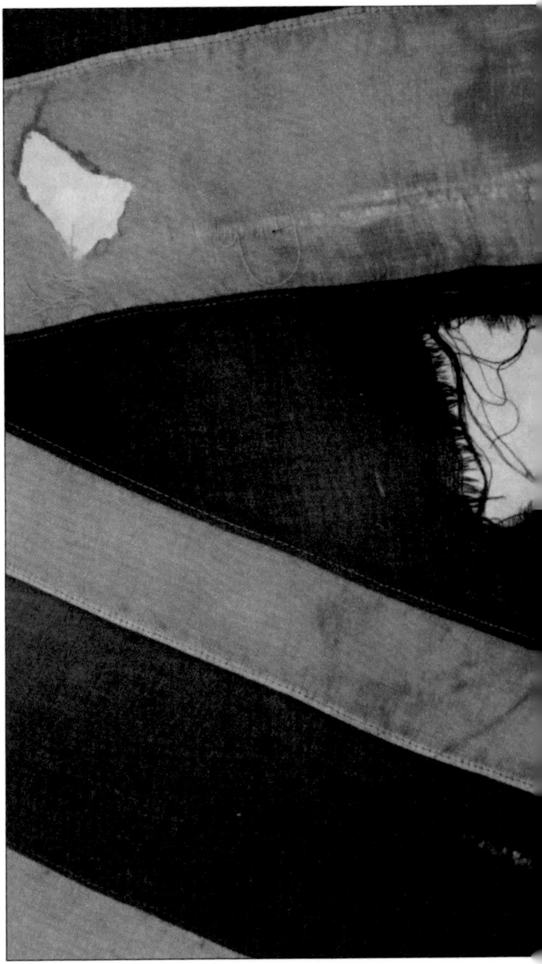

Darn o'r Iwnion Jac a dynnwyd i lawr oddi ar fast y castell yn 1932

2

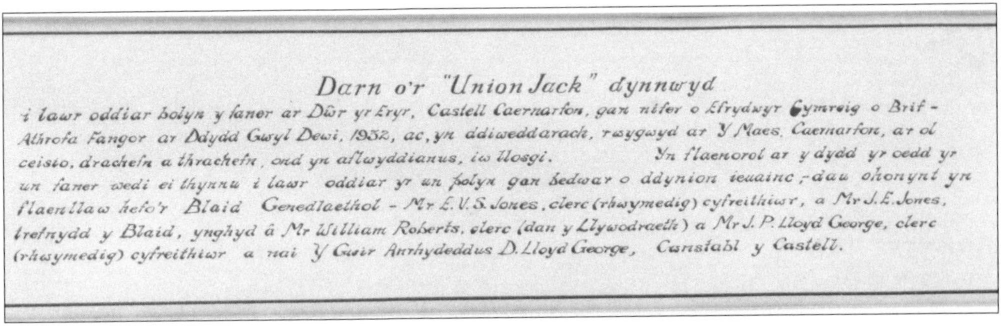

Darn o'r "Union Jack" dynnwyd

i lawr oddiar bolyn y faner ar Dŵr yr Eryr, Castell Caernarfon, gan nifer o Efrydwyr Cymreig o Brif-Athrofa Bangor ar Ddydd Gwyl Dewi, 1932, ac, yn ddiweddarach, rwygwyd ar Y Maes, Caernarfon, ar ol ceisio, drachefn a thrachefn, ond yn aflwyddianus, iw llosgi. Yn flaenorol ar y dydd yr oedd yr un faner wedi ei thynnu i lawr oddiar yr un polyn gan bedwar o ddynion ieuainc;- dau ohonynt yn flaenllaw hefo'r Blaid Genedlaethol - Mr E.V.S. Jones, clerc (rhwymedig) cyfreithiwr, a Mr J.E. Jones, trefnydd y Blaid, ynghyd â Mr William Roberts, clerc (dan y Llywodraeth) a Mr J.P. Lloyd George, clerc (rhwymedig) cyfreithiwr a nai Y Gwir Anrhydeddus D. Lloyd George, Cwnstabl y Castell.

Y dyfyniad o dan y darn Iwnion Jac a gadwyd gan heddwas ar y Maes yn 1932, yna'i fframio ac ymhen blynyddoedd ei roi'n rhodd i J. E. Jones

Stanley Jones, cyfreithiwr ifanc yng Nghaernarfon; W. R. P. George, cyfreithiwr ifanc arall a nai i Lloyd George, a Wil Roberts, swyddog yn swyddfeydd y llywodraeth. Yn gyflym, datodwyd y rhaffau. Daeth yr Iwnion Jac i lawr a chodwyd y Ddraig Goch yn ei lle. Cododd bonllef o 'Hwrê!' o'r Maes. Staplwyd y rhaffau i'r polyn, a chanodd y pedwar ar y tŵr 'Hen wlad fy nhadau'. Canodd y dorf oedd wedi crynhoi ar y Maes bellach yr anthem hefyd. Aeth y pedwar at risiau cul y tŵr i atal swyddogion y castell rhag dringo at y faner. Ymhen hanner awr, cyrhaeddodd yr heddlu a symud y protestwyr o'r neilltu. Rhoddwyd y Jac yn ôl i'r castell ac ymhen awr roedd yn ôl ar y polyn a baner Cymru wedi'i thynnu i lawr.

Y prynhawn hwnnw, heb wybod dim am firi'r bore, daeth ugain o fechgyn o Goleg Prifysgol Bangor i ymweld â'r castell. R. E. Jones o Langernyw oedd eu harweinydd. Cawsant fynediad ar ôl talu, ond roedd dôr fawr Tŵr yr Eryr bellach wedi'i chau a'i chloi. Ar ôl dringo i ben y muriau, llwyddodd y criw i wthio i mewn i'r tŵr drwy agen saethu! Ymhen ychydig funudau roedd yr Iwnion Jac i lawr am yr eilwaith. Cyrhaeddodd y plismyn ar frys a heliwyd y llanciau o'r castell. Ond roedd

Rhan o'r dyrfa o 5,000 yn y castell ar gyfer codi'r Ddraig ar y tŵr yn 1933

un ohonynt wedi lapio'r Iwnion Jac amdano o dan ei gôt!

Bu R. E. Jones yn areithio ar y Maes ac roedd tyrfa wedi ymgasglu yno. Ceisiwyd llosgi'r Jac, ond roedd yn gwrthsefyll pob matsien. Yn y diwedd cafodd ei rhwygo'n ddarnau. Cadwyd darnau i gofio am yr achlysur gan nifer o deuluoedd. Cafodd y brotest gefnogaeth gan Gymry o bedwar ban byd.

Erbyn y Dydd Gŵyl Dewi dilynol, 1933, roedd yr awdurdodau wedi cyhoeddi'n swyddogol bod Draig Goch i'w chwifio ochr yn ochr â'r Iwnion Jac. Cafwyd seremoni fawr yng nghastell Caernarfon, a daeth pum mil o bobl yno i wrando ar Gôr Telyn Eryri ac eraill yn dathlu codi'r Ddraig Goch ar y Tŵr ar ôl yr holl ganrifoedd. Ymledodd yr arfer drwy Gymru ac roedd J. E. Jones yn un o'r rhai a drefnodd fod ffatri arbennig yn dechrau cynhyrchu baneri Draig Goch, ac yntau wedyn yn eu gwerthu o'i swyddfa.

Yn y ddegawd ddilynol, bu digwyddiad tebyg yn un o gymoedd diwydiannol de Cymru. Yn Ionawr 1947, daeth Maes Glo De Cymru yn rhan o'r Bwrdd Glo Cenedlaethol wrth i'r diwydiant gael ei wladoli. Cynhaliwyd seremonïau i nodi'r achlysur ar ben pob pwll, gyda'r glowyr yn frwdfrydig ynglŷn â'r berchnogaeth newydd.

Glöwr ym mhwll No 9 Tylorstown yn y Rhondda oedd Glyn James, a'r hyn gododd ei wrychyn y bore hwnnw oedd gweld Iwnion Jac ar ben ffrâm ddur yr olwyn fawr uwch ben y pwll glo. Y Sadwrn hwnnw, aeth ef a dau löwr arall i Gaerdydd a phrynu dwylath o Ddraig Goch yn un o'r arcêds. Dringodd y tri i ben y ffrâm ddur y noson honno a chlymu baner Cymru yno – gan wneud yn siŵr ei bod yn cyhwfan rai modfeddi'n uwch na'r Iwnion Jac.

Bu cryn drafod ar ôl hynny, ac roedd y glowyr yn ffafriol iawn i ymddangosiad y Ddraig Goch. Ymhen rhyw dair wythnos, diflannodd y ddwy faner – penderfyniad y rheolwyr newydd. Ond gyda Gŵyl Ddewi'n agosáu, prynodd Glyn a'i gyfeillion faner arall a'i chodi'n ddirgel eto cyn toriad gwawr dydd y nawddsant. Ni fentrodd neb glymu Iwnion Jac uwch No.9 Tylorstown wedi hynny.

Draig Goch uwch y Pwll Mawr, Amgueddfa Genedlaethol y diwydiant yng Nghymru

Cestyll Cymru heddiw

Pan bleidleisiodd Cymru o blaid hunanlywodraeth yn y refferendwm yn 1997, daeth cestyll y wlad o dan awdurdod y Senedd yng Nghaerdydd. Dreigiau Cochion felly sy'n cyhwfan ar eu polion bellach.

Yn rhan o thema Blwyddyn y Chwedlau yn 2017, crëwyd modelau anferth o ddreigiau a mynd â hwy ar daith o amgylch nifer o gestyll. Mae'r rhain bellach wedi cael cartref parhaol o flaen castell Caerffili. Bydd sioeau goleuadau yn y nos yn cael eu cynnal ar furiau rhai o'r cestyll – ac mae'r Ddraig Goch yn ei chynnig ei hun yn naturiol ar gyfer theatr o'r fath.

1. Un o ddreigiau castell Caerffili;
2. Castell Cil-y-coed ger aber Hafren;
3. Sioe oleuadau yng nghastell Caerffili;
4. Castell Harlech; 5. Castell Rhaglan

3

4

5

Draig y Brifysgol

Prynodd pwyllgor Prifysgol Aberystwyth westy anorffenedig y Castell yn y dref am £10,000 yn 1867 ac yn Hydref 1872, croesawyd y myfyrwyr cyntaf yno i'r hyn a ddisgrifiwyd o'r dechrau fel 'Prifysgol y Werin'.

Cyhoeddodd capeli ledled Cymru y byddai casgliad yn cael ei wneud ar gyfer y sefydliad addysgol hwn ar Suliau olaf Hydref 1875 a 1876, a elwid yn 'Sul y Brifysgol'. Cyfrannodd dros 70,000 o bobl, mewn symiau bychain o arian gan fwyaf – sef y cyfan y gallent ei fforddio. Casglwyd £5,000. Roedd yr haelioni hwnnw yn dangos cymaint o bwys a roddai'r wlad ar addysg, gan gadarnhau fod gan y Brifysgol le arbennig yng nghalonnau a meddyliau'r Cymry.

Yn 1878 cyhoeddwyd rhifyn cyntaf *Cylchgrawn y Coleg* a galwyd hwnnw *Y Ddraig* yn ddiweddarach. Pan luniwyd arfbais Coleg Prifysgol Aberystwyth yn 1928, uwch yr arwyddair 'Nid byd, byd heb wybodaeth' roedd dwy ddraig goch yn amlwg ar y darian.

Cynhwyswyd dreigiau cochion hefyd ar arfbeisiau Prifysgol Cymru Caerdydd (1883), Prifysgol Bangor (1884), Prifysgol Cymru Abertawe (1920) a Phrifysgol y Drindod Dewi Sant (2010).

Arfbeisiau'r prifysgolion: 1. Aberystwyth; 2. Bangor; 3. Caerdydd; 4. Abertawe; 5. Y Drindod Dewi Sant

GOREU DAWN DEALL

2

GWIRIONEDD
UNDOD
A CHYTGORD

3

GWEDDW CREFFT HEB EI DAWN

4

5

Y Ddraig ddinesig

Mae Parc Cathays, Caerdydd wedi'i ddisgrifio gan lawlyfr pensaernïol fel y ganolfan ddinesig orau yng ngwledydd Prydain. Yno ceir casgliad trawiadol o adeiladau cyhoeddus a gynlluniwyd ac a ariannwyd oherwydd y cyfoeth a ddaeth i'r ardal yn sgil y diwydiant glo yng nghymoedd de Cymru.

Rhan o diroedd castell Caerdydd oedd y parc yn wreiddiol ond daeth hwnnw i ddwylo teulu Marcwis Bute, oedd yn bobl fusnes eithriadol o lwyddiannus a chyfoethog. Gwerthwyd y parc i Gorfforaeth Caerdydd i ddatblygu canolfan sifig a gosodwyd amodau llym ar bob cynllun; crëwyd cystadlaethau i sicrhau gwasanaeth y penseiri gorau a chadwyd lonydd llydan, coediog a digon o barciau glas i gadw naws braf rhwng yr adeiladau. Canlyniad hynny yw pedwar adeilad Gradd I, dau Gradd II* a phum adeilad Gradd II.

Daeth Caerdydd yn ddinas yn 1905 ac yn brifddinas Cymru yn 1955 – un o'r prifddinasoedd ieuengaf yn Ewrop. Bellach dyma gartref Senedd Cymru, stadiwm genedlaethol tîm rygbi Cymru a chanolfan

1

ddiwylliannol ysblennydd y Mileniwm. Mae dros 20 miliwn o ymwelwyr yn galw yno bob blwyddyn.

Ar hyd prif strydoedd y ddinas, bydd baneri hirion y Ddraig Goch yn ychwanegu eu lliwiau at dorfeydd y gemau

Y Ddraig yn y brifddinas: 1. Arfbais Dinas Caerdydd; 2. Ar ben Neuadd y Ddinas; 3. Arena Rhyngwladol Caerdydd; 4. Yn y stadiwm rygbi genedlaethol; 5. Ar garped yn Neuadd y Ddinas

2

3

4

5

UNWN · I · WNEUD · DA

1

UNDEB · A · RHYDDID

2

Y · DDINAS · A'R · FRO

3

12 77
GORAU · MOES · GWASANAETH

4

5

6

rhyngwladol. Ond mae'r ddraig hefyd yn amlwg ar yr adeiladau dinesig.

Y tu allan i Lys y Goron ym Mharc Cathays, gwelir bathodyn y ddinas – draig goch, yn dal baner tywysog olaf Morgannwg a chenhinen. Yn Neuadd y Ddinas, defnyddir dreigiau cochion i addurno'r gwaith meini – ar frig prif gromen yr adeilad, yn sefyll ar bileri ac yn cynnal rhannau o'r cerflunwaith.

Drwy Gymru, gwelir dreigiau cochion yn cynnal arfbeisiau'r siroedd traddodiadol, awdurdodau llywodraeth leol a'r prif drefi. Mae i'w gweld hefyd ar frig arfbais Heddlu Gogledd Cymru.

Rhai o arfbeisiau Cymru: 1. Sir Ddinbych;
2. Blaenau Gwent;
3. Bro Morgannwg;
4. Tref Aberystwyth;
Arfbeisiau eraill: 5. Heddlu Gogledd Cymru;
6. Dinas Abertawe

Y Ddraig ar dân

Lluniau du a gwyn ydyn nhw. Casgliad o wynebau a dilladau o'r oes o'r blaen erbyn hyn. Ond does dim yn llwyd yn eu llygaid. Mae'u hwynebau'n dangos penderfyniad. Ac yn nwylo rhai ohonyn nhw mae yna Ddraig Goch – un danllyd, er gwaetha'r diffyg lliw yn y papurau newydd a'r cylchgronau.

Y rhain oedd yr ymgyrchwyr cynnar yn neffroad Cymru'r 20fed ganrif. Maen nhw'n sefyll o flaen llysoedd lle mae gweithredwyr dros achos Cymru ar eu prawf. Maen nhw'n rhengoedd yn protestio yn erbyn dwyn tir Cymru i luoedd arfog Llundain. Maen nhw'n herio trefn teulu brenhinol Palas Buckingham o hawlio statws a theitlau yng Nghymru. Maen nhw'n amddiffyn cymoedd Cymru rhag cael eu boddi er mwyn elw dinasoedd yn Lloegr. Maen nhw'n hel enwau dros hunanlywodraeth i Gymru.

Ambell dro, maen nhw'n dathlu

Penawdau rhai o bapurau Plaid Cymru ers ei sefydlu yn 1925

Dreigiau cochion yn hebrwng Gwynfor Evans o sir Gaerfyrddin i dderbyn ei sedd yn San Steffan yn 1966, yr aelod cyntaf o Blaid Cymru i'w ethol yno

buddugoliaeth. Gwynfor Evans oedd 'yr aelod dros Gymru' ar ôl iddo fod y cyntaf o Blaid Cymru i ennill sedd yn San Steffan yn dilyn isetholiad Caerfyrddin yng Ngorffennaf 1966. Drannoeth roedd y Ddraig Goch yn cyhwfan drwy Gymru. Roedd plant yn ei gwisgo, rhai papur a phìn ar eu dillad ysgol. Roedd ceir yn ei chario. Pan drefnwyd llond trên o gefnogwyr i hebrwng yr aelod i Lundain – oedd, roedd Dreigiau Cochion yn yr orsaf ac ar yr orymdaith, ond ar hyd lein y rheilffordd yn ne Cymru, roedd teuluoedd yn dal y faner genedlaethol wrth i'r trên basio.

Roedd y Ddraig Goch wedi deffro ac roedd pobl yn tanio dros Gymru unwaith eto.

1. Protest yn erbyn dwyn tir Cymru gan y Swyddfa Ryfel; 2, 3, 4. Ymgyrch Senedd i Gymru 1951; 5, 6. Protest yn erbyn boddi Cwm Tryweryn; 7. Rali gwrth-Arwisgo 1969

6

7

Draig Eisteddfod Llangollen

Mae tiriogaeth, ffin a hil yn cael eu cysylltu â baneri cenedlaethol yn aml. Ond does dim rhaid iddi fod felly. Enghraifft wych o hynny yw'r baneri rhyngwladol sy'n dod ynghyd yn Llangollen bob mis Gorffennaf ers dros 70 mlynedd i ddathlu bod amrywiaeth ac undod yn bosibl ar yr un pryd.

Eisteddfod ryngwladol yw'r achlysur a chafodd ei sefydlu wedi erchylltra'r Ail Ryfel Byd pan fomiwyd pobl ddiniwed a dinasoedd diwylliannol ledled Ewrop. Crëwyd gŵyl o gerddoriaeth a dawnsio traddodiadol, gyda lle i falchder cenedlaethol a chystadlu brwd, ond bod y cyfan yn digwydd mewn brawdgarwch, gyda'r parch dyfnaf at draddodiadau ac arferion pob gwlad unigol.

Tyfodd y freuddwyd yn realiti yn 1947, gan fenthyca'r eisteddfod Gymreig fel maes cyfarfod i wledydd y byd. Un o gyfraniadau olaf y bardd T. Gwynn Jones oedd cyflwyno cwpled yn arwyddair i'r eisteddfod ryngwladol:

Byd gwyn fydd byd a gano;
Gwaraidd fydd ei gerddi fo.

Mae'r geiriau yn rhan o logo'r Ddraig sy'n arwyddlun i'r ŵyl. Cystadlaethau corawl a dawns oedd yn tynnu'r perfformwyr i Langollen ond o'r dechrau, rhoddwyd pwyslais ar ŵyl werinol, groesawgar gyda digon o gyfle i orymdeithio a dawnsio ar strydoedd y dref. O'r dechrau hefyd, roedd 'cael gwared â chwerwedd a chasineb y rhyfel' yn un o amcanion yr ŵyl a chreu byd lle'r oedd parch, dealltwriaeth a chyfeillgarwch. Geiriau gwag ydi'r rheiny heb weithredoedd. Ymatebodd y gwledydd i'r croeso a estynnwyd gan y Cymry – y bỳs cyntaf i gyrraedd yr ŵyl gyntaf oedd un oedd wedi teithio bob cam o Bortiwgal. Yn 1947 daeth 3,000 o bobl i wylio 40 o gorau'n cymryd rhan. Yn 1953, roedd pawb yn eu dagrau wrth wrando ar gôr plant o Obernkirchen, yr Almaen, yn canu yn y gystadleuaeth côr plant gyntaf. Roedd briwiau'n cau. Gwnaeth y perfformiadau lliwgar, hwyliog o wledydd tramor lawer i roi gwaed newydd yn niwylliant gwerin cynhenid Cymru yn ogystal. Mae'r sawl sy'n rhannu yn derbyn yn ôl.

Drwy'r Rhyfel Oer, roedd llwyfannau a strydoedd Llangollen yn pontio'r Gorllewin a'r Dwyrain. Drwy ryfeloedd eraill, parhaodd brawdgarwch diwylliannol yr ŵyl i greu pontydd dros ffiniau a ffosydd. Dengys o hyd fod modd cael undod heb unffurfiaeth – mae'r amrywiaeth o ieithoedd, diwylliannau, crefyddau ac agweddau meddwl yn cordeddu drwy'i gilydd i greu cwlwm clòs a chryf. Bob nos yn ystod yr Eisteddfod, cynhelir cyngherddau arbennig a'r uchafbwynt erbyn hyn yw cystadleuaeth Côr y Byd ar y nos Sadwrn, gyda'r enillydd yn derbyn gwobr ariannol hael a thlws Luciano Pavarotti.

Ar hyd y blynyddoedd, cynnes a chymdeithasol fu'r ffordd o letya'r partïon tramor – daw 2,500 o bob rhan o'r byd i gystadlu yno'n flynyddol. O erddi'r fro y caed y blodau sy'n creu'r arddangosfa hyfryd wrth droed y llwyfan perfformio. Mae ysbryd Cymreig i'r cyfan. Ers 1992, pan godwyd pafiliwn parhaol, mae gan yr Eisteddfod ei safle parhaol ei hun sy'n dal 4,500 o bobl. Fel yr ysgrifennodd Dylan Thomas ar ôl ymweld â'r ŵyl: 'Are you surprised that people still can dance and sing in a world on its head? The only surprising thing about miracles, however small, is that they sometimes happen.'

Heb os, dyna un o wyrthiau'r Ddraig Goch ar y llwyfan rhyngwladol.

Y Ddraig yn siarad yn blaen

Ar nos Fawrth, 13eg Chwefror, 1962, traddododd Saunders Lewis ei ddarlith radio enwog *Tynged yr Iaith*. Proffwydodd y byddai'r Gymraeg yn marw o fewn dim oni bai bod y Cymry yn gweithredu mewn dulliau fyddai'n gorfodi'r awdurdodau i roi statws swyddogol iddi a gwneud defnydd amlwg ohoni, a rhoi hawliau llawn i'w siaradwyr.

Eisoes roedd rhai dewrion arloesol wedi wynebu achosion llys ac ymweliadau beilïod yn cario dodrefn o'r cartref am nad oeddent yn talu biliau uniaith Saesneg gan gynghorau. Ffurfiwyd Cymdeithas yr Iaith a dechreuwyd ar gyfresi o weithredu uniongyrchol, torfol i dorri unrhyw gyfraith oedd yn caniatáu gormes ar y Gymraeg. Aed â miloedd gerbron llysoedd, aed â channoedd i garchar. Roedd y Ddraig yn siarad ac nid oedd cyfaddawd i fod. Arwyddlun y mudiad newydd fyddai'n gweddnewid safle'r Gymraeg ac agwedd pobl at yr iaith oedd Tafod y Ddraig.

Alcwyn Evans a gafodd y weledigaeth o greu bathodyn i'r mudiad newydd yn seiliedig ar 'dafod' y Ddraig Goch. Codi'r Gymraeg yn iaith fyw ym mhob agwedd o fywyd cyhoeddus Cymru oedd y bwriad, ac ar 'dafod leferydd' y mae bywyd yr iaith. Ym Mai 1963 roedd Owain Owain, athro a darlithydd yn y Coleg Normal wedi creu cell leol o'r mudiad newydd ym Mangor. Hon oedd y gangen leol fwyaf gweithredol o Gymdeithas yr Iaith ar y dechrau, a sefydlodd batrwm o weithio'n lleol a fyddai'n elfen bwysig o ymgyrchoedd a chefnogaeth y mudiad yn y dyfodol.

Yn haf 1963, lluniodd Owain Owain chwech o sgetsys o dafod y ddraig a'u postio at John Davies, ysgrifennydd y Gymdeithas. Addaswyd y syniadau hynny gan Elwyn Ioan, dylunydd yng ngwasg y Lolfa ar y pryd, a dyna'r logo a ddefnyddir gan y mudiad hyd heddiw.

Yn Hydref 1963, cyhoeddodd Cell Bangor o'r Gymdeithas y rhifyn cyntaf o'u bwletin dan y teitl *Tafod y Ddraig*, gydag Owain Owain yn olygydd arno. Cofnodir

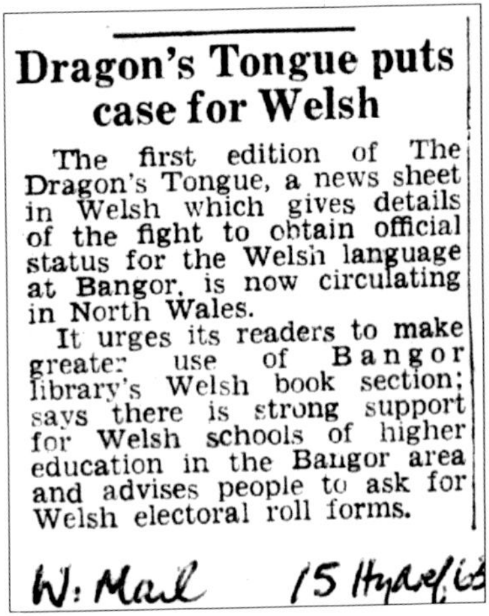

Dragon's Tongue puts case for Welsh

The first edition of The Dragon's Tongue, a news sheet in Welsh which gives details of the fight to obtain official status for the Welsh language at Bangor, is now circulating in North Wales.

It urges its readers to make greater use of Bangor library's Welsh book section; says there is strong support for Welsh schools of higher education in the Bangor area and advises people to ask for Welsh electoral roll forms.

W. Mail 15 Hydref 63

ymgyrchoedd y gell yn erbyn sefydliadau lleol a llongyferchir rhai sy'n dangos ewyllys da at yr iaith. Ymhen amser, mabwysiadodd Cymdeithas yr Iaith yn genedlaethol y syniad o fisolyn ymgyrchu ac etifeddodd y teitl a fathwyd gan Owain Owain yn ogystal.

Tyfodd mewn chwe mis o fod yn ddalen ddyblygedig 400 copi i fod yn gylchgrawn gloyw â chylchrediad o 5,000 erbyn Eisteddfod Genedlaethol Abertawe 1964. Daeth yn fwletin bywiog, miniog ac egnïol i rannu newyddion ac erthyglau am waith y mudiad, yn llawn dychan yn ogystal â dathlu'r buddugoliaethau lu a ddaeth yn eu tro yn sgil yr ymgyrchoedd taer a chostus. Y cylchgrawn oedd y ddolen gyfathrebu hanfodol oedd yn cadw'r cysylltiad rhwng canghennau ac ymgyrchwyr a'i gilydd a chyflwyno'r neges i'r niferoedd. Mae'r cylchgrawn yn dal i

gael ei gyhoeddi o leiaf tair gwaith y flwyddyn ac ar gael am ddim i aelodau.

Rhai dyfyniadau gan Owain Owain mewn cyfrol a olygwyd gan Aled Eirug:

> Cwrteisi cynhenid y Cymro yw gelyn pennaf yr iaith Gymraeg.
>
> (*Barn*, Awst 1963)

> Pan fo argyhoeddiadau lleiafrif yn gwrthdaro yn erbyn rhagfarnau mwyafrif, ni ellir gweithredu'n gyfiawn bob amser heb weithredu'n anghyfreithlon hefyd.
>
> (*Y Faner*, 10/9/1964)

> Hyn yw angen mawr Cymru heddiw: gweithwyr caled, gweithwyr cyson, gweithwyr adeiladol, gweithwyr creadigol, gweithwyr positif – gydag argyhoeddiad dwfn o werth yr unigolyn, a chariad tuag at ei gyd-ddyn, yn ogystal â thuag at Gymru.
>
> (*Cyhoeddwyd drwy ganiatâd y wefan: www.owainowain.com*)

Ar bosteri mewn lluniau o gyfarfodydd y degawdau, mae sloganau sy'n dangos cerrig milltir hanesyddol taith yr iaith i'w statws bresennol o fod yn iaith gyfartal ac yn iaith swyddogol yng Nghymru. Dyma rai o'r sloganau:

STATWS I'R IAITH
SIANEL GYMRAEG NAWR
NID YW CYMRU AR WERTH
COLEG I'R CYMRY

Ar y posteri a'r baneri, y mae arwyddlun pigog y Gymdeithas. Mae'r Ddraig Goch wedi canfod ei thafod ar ôl y canrifoedd mud.

Draig y maes chwarae a'r gemau rhyngwladol

Gyda chefnogwyr Cymru'n fôr o ddreigiau y dyddiau hyn a'r fath emosiwn i'w glywed wrth ganu'r anthem, mae'n anodd dychmygu ein timau rhyngwladol yn perfformio heb 'Hen wlad fy nhadau' a'r Ddraig Goch. Ond felly'r oedd hi mor ddiweddar â'r 1970au.

Ystyrid 'God save the queen' fel yr anthem 'Brydeinig' a'r Iwnion Jac fel y faner 'Brydeinig' bryd hynny. Pan âi timau o Gymru i chwarae'n erbyn yr Alban yn Murrayfield neu'n erbyn Lloegr yn Nhwicenham, dim ond yr anthem honno a gâi ei chanu. Byddai'r Iwnion Jac ar y mastiau pan fyddai Cymru'n chwarae'n erbyn yr Alban ac yn erbyn Ffrainc hyd yn oed, gyda'r Ddraig Goch yn cael ei hepgor yn llwyr ar brydiau.

Yn ystod y 1970au, cynyddodd y gwrthwynebiad i'r drefn hon. Byddai'r dyrfa yng Nghaerdydd yn bwio'r 'Cwîn' mor benderfynol nes y rhoddwyd y gorau i'w chynnwys gyda'r anthemau cyn y gêm. Trefnodd Alun Williams y BBC, oedd hefyd yn aelod o dîm sylwebu ar y gêm, fod seindorf ym Mharis yn dysgu 'Hen wlad fy nhadau' ar gyfer gêm yno drwy iddo ef ei chanu dros y ffôn i'r arweinydd wneud copi o'r nodau. Yn raddol, daethpwyd at y drefn bresennol sy'n parchu baneri ac anthemau'r gwledydd unigol.

Digwyddodd y brotest fwyaf gyhoeddus ac effeithiol erioed ar y mater hwn yn Wembley yn 1977, pan oedd tîm pêl-droed Cymru'n chwarae'n erbyn Lloegr. Nid oedd y Cymry wedi eu curo oddi cartref es dwy flynedd ar hugain.

Ychydig wythnosau yn gynharach, roedd Cymru wedi trechu Siecoslofacia 3-0 ar y Cae Ras yn Wrecsam mewn gêm ragbrofol ar gyfer Cwpan y Byd. Yn dilyn cwynion yn ystod y degawd hwnnw, roedd 'Hen wlad fy nhadau' yn cael ei chanu cyn gemau Cymru erbyn hynny – ond byddid yn dal i ganu 'God save the queen' hyd yn oed os nad Lloegr fyddai'r gwrthwynebwyr.

Ar 30 Mawrth, 1977 – am y tro cyntaf – canwyd anthem Cymru ac anthem Siecoslofacia, a dyna ni.

Ymhen deufis, roedd Cymru'n wynebu'r Saeson yn Wembley. Gwnaed cais gan Gymdeithas Bêl-droed Cymru i'r

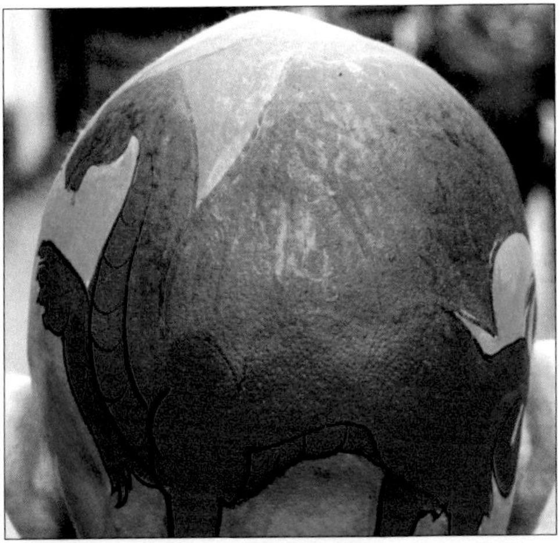

DRAGON
RIDERS
BMX CLUB RHYL

BOXING
WALES
EST. 2012

TABLE TENNIS
WALES

www.seat.co.uk

FA yn Wembley gynnwys 'Hen wlad fy nhadau' gydag anthem Lloegr cyn y gêm. Gwrthodwyd y cais. Roedd awgrym, meddai John Mahoney mewn cyfweliad ar Radio Cymru yn 2019, mai dial oedd hyn am na chafodd anthem y 'Cwîn' ei chanu ar y Cae Ras.

Roedd sgwad Cymru'n lloerig pan glywsant am y sarhad. Cafwyd cyfarfod tîm a phenderfynwyd aros yn eu stafell newid tan y foment olaf un. Ar y rhaglen deledu, roedd yna awgrym nad oedd y Cymry am ddod allan i chwarae. Roedd swyddogion Wembley fel pryfed o'u cwmpas yn y stafell newid, yn ôl Mahoney, yn gweiddi ac yn gwthio – ond ni symudodd y tîm.

Yn ôl y trefniant, dyma Terry Yorath, y capten, yn arwain ei dîm allan i'r maes gyda dim ond ychydig eiliadau yn sbâr. Fflapiai swyddogion yr FA o'u cwmpas, ond roedd y Cymry fel y graig. Enillodd yr anthem a'r Ddraig Goch barch ar ôl hynny. Ni wrthodwyd ei chanu o hynny ymlaen.

Mae Dai Davies, gôl-geidwad Cymru yn 1977, yn cofio'r achlysur yn dda:

> Gyda chwaraewyr Lloegr wedi rhedeg o'r llinell tuag at un gôl dyna lle roedd tîm Cymru yn dal yn llonydd ac yn syth, yn ei gwneud hi'n amlwg i'r dorf enfawr ein bod ni'n disgwyl ein hanthem ni. Protest dawel oedd hi, protest fer, ond fe wnaethpwyd y pwynt ac fe fu'n brotest ddigon hir i Ted Croker, Ysgrifennydd Cymdeithas Bêl-droed Lloegr, fynd o'i go. Roedd ei wyneb yn goch yn ceisio'u perswadio i redeg i'r cae yn lle creu embaras o flaen aelode'r teulu brenhinol!
>
> Trafododd Terry Yorath, John Mahoney a minne wedi hynny mor falch oedden ni o weld pawb arall yn y tîm yr un mor barod â ni i wneud y safiad, ffaith oedd ynddi'i hun yn cadarnhau beth oedd cael cynrychioli Cymru yn ei olygu bellach i bawb.

Efallai fod y sgôr y diwrnod hwnnw yn Wembley wedi clensio bod achos tîm Cymru'n un cyfiawn – trechwyd Lloegr o gôl i ddim.

Draig ar y bathodyn

Mae'n ddiddorol gweld mai Draig Goch oedd yr arwyddlun amlwg ar raglen swyddogol y gêm rygbi ryngwladol gyntaf rhwng Cymru a Seland Newydd. Yn 1905 oedd hynny – a Chymru oedd yn fuddugol. Efallai fod tacteg bwysig i sylwi arni yn y wers hanes honno!

Mae dreigiau'n rhan o arwyddluniau nifer o glybiau rygbi – y Scarlets a Rygbi Gogledd Cymru, er enghraifft – ac mae tîm rhanbarthol y De-ddwyrain yn cael ei alw'n 'Dreigiau' wrth gwrs.

Ond i Gymdeithas Bêl-droed Cymru mae'r diolch am hyrwyddo'r Ddraig Goch ar eu crysau cenedlaethol am y tro cyntaf. Sefydlwyd y Gymdeithas yng Ngwesty'r Wynnstay yn Wrecsam ar 2 Chwefror, 1876. Dyma'r drydedd Gymdeithas Genedlaethol hynaf yn y byd. Chwaraeoedd pêl-droedwyr Cymru eu gêm ryngwladol gyntaf yn erbyn yr Alban yn ddiweddarach y flwyddyn honno. Isod, ar y dde, mae fersiwn diweddaraf o Ddraig y Gymdeithas Bêl Droed.

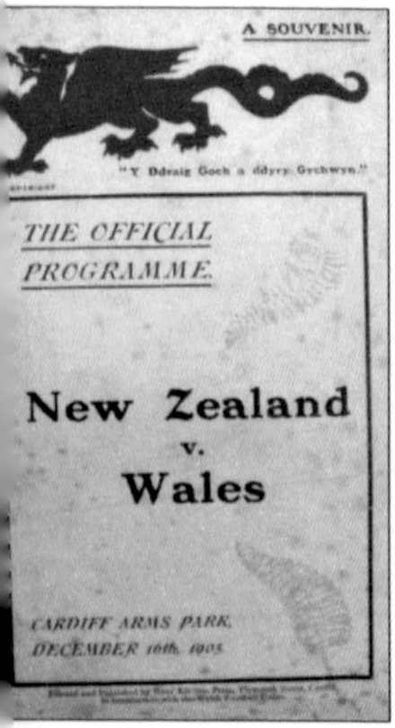

Y Ddraig yn cofio

Defnyddiwyd y Ddraig Goch i ddenu recriwtiaid o Gymru i rengoedd y byddinoedd a ffurfiwyd Catrawd Gymreig gyda'i bathodyn draig. Cyhoeddwyd cyfrol Gymreig am hanes a thir a phobl y wlad a rhoi copïau yn rhodd i'r milwyr. Ac wrth geisio dygymod â'r marwolaethau niferus, defnyddiwyd y ddraig eto i roi ychydig o urddas tawel i'r cofio.

Isod: Cofebau i golledion Cymru yn Mametz, ym Mhen-y-groes, Arfon, a'r gofeb genedlaethol yn Fflandrys

Y Ddraig yn Ewrop

Anodd yw dweud dim newydd am yr haf gwych a gafodd Cymru yn nhwrnament pêl-droed Ewro 2016. Amhosib, er hynny, yw ei anwybyddu.

O'r dechrau, roedd y tîm a'r cefnogwyr a'r wlad gyfan wedi gwneud eu marc – ac roedd y Ddraig Goch yn amlwg yn y dathlu a'r hyrwyddo. O Bordeaux i Toulouse i Baris i Lille ac yn ôl i'r brifddinas, gadawyd llwybr coch o ddathlu, o gyfeillion, o amser da. Meddai Ffrancwr a ddaeth wyneb yn wyneb â dau Gymro ym Mharis: 'Roeddwn i'n gwybod eich bod chi'n dod o Pays de Galles. Nid oherwydd eich crysau cochion chi. Nid oherwydd eich dreigiau chi. Nid oherwydd eich bod chi'n canu – ond am eich bod yn cerdded gyda balchder!'

Closiodd Ewrop gyfan at y wlad fach Geltaidd wahanol yma nad oedden nhw'n gwybod fawr ddim amdani. Roedd hyd yn oed papurau Llundain yn rhoi sylw iddi – ac yn rhoi penawdau Cymraeg ar eu tudalennau blaen.

Ni fu erioed y fath gyhoeddusrwydd hapus. Ni fu erioed well arwydd o'r ffordd ymlaen. Yna yn 2019, dyma tim pêl-droed Cymru yn llwyddo i gyrraedd twrnament yr Ewro am yr ail waith yn olynol ...

Y Ddraig ddiwydiannol

Pan etholwyd Keir Hardie yr Aelod Seneddol sosialaidd cyntaf o Gymru i San Steffan ym Merthyr Tudful yn 1900, ei arwyddair oedd 'Y Ddraig Goch a'r Faner Goch'. Roedd o blaid ymreolaeth i Gymru a thros weld y Cymry yn perchnogi tir ac adnoddau eu gwlad. Mae ystafell er cof amdano yn y Tŷ Coch, Merthyr.

Ar adegau o ddathlu neu gefnogi safiad y gweithwyr mewn anghydfod diwydiannol neu streic, bydd y Ddraig Goch yno yn hyrwyddo'r achos. Gwelwyd un o'r anghydfodau hwyaf mewn hanes yn ffatri Friction Dynamex ger Caernarfon.

Bu sawl streic yn y diwydiannau glo a dur – a bob amser byddai elfen Gymreig i'r anghydfod yng Nghymru. Defnyddid y Ddraig i bwysleisio hynny.

Y Ddraig yn '60 oed'!

Thema'r gystadleuaeth addurno ffenestri siopau yn ystod Parêd Gŵyl Dewi Pwllheli yn 2019 oedd 'Dathlu 60 mlwyddiant y Ddraig Goch yn dod yn faner swyddogol Cymru'. Roedd dwy stori ar y newyddion Cymraeg ar fore'r ŵyl y diwrnod hwnnw.

Y gyntaf oedd bod gwefan Ranker – llwyfan pleidleisio ar y we – yn cyhoeddi mai barn y byd oedd mai Draig Goch Cymru ydi'r faner fwyaf poblogaidd, fwyaf cŵl yn y byd. Dyna roi'r pwerau Llundeinig sydd am daro Iwnion Jac ar gynnyrch Cymru yn eu lle. Ychydig cyn hynny roedd cynhyrchwyr o Benfro, Puffin Produce, wedi cyhoeddi eu bod wedi gweld 34% o gynnydd yn eu gwerthiant mewn un archfarchnad wedi iddynt gyfnewid Iwnion Jac am Ddraig Goch ar eu pecynnau.

Yr ail stori oedd ei bod hi'n 60 mlynedd ers i'r Ddraig Goch ddod yn 'faner swyddogol' Cymru. A ninnau'n gwybod bod y Ddraig yn mynd â ni yn ôl i niwloedd hanes, sut oedd modd bod mor sicr bod ei statws mor ddiweddar? Yn raddol, datgelwyd y gwir.

Yn 1953, crëwyd 'baner frenhinol' i Gymru i ddathlu coroni Elizabeth yn 'Frenhines Lloegr'. Awdurdodau'r palas brenhinol oedd y tu ôl i'r cynllun. Safai draig goch fechan o fewn rhuban o gylch gyda'r 'arwyddair' doniol 'Y ddraig goch ddyry cychwyn' arno. Uwch y rhuban a'r ddraig, roedd coron fawr imperialaidd. Dyma hi, meddent – dyma faner swyddogol Cymru. Datganwyd hynny ym mhapur swyddogol y Goron a'r llywodraeth, *The London Gazette*, 13 Mawrth 1953, gan nodi mai dyna benderfyniad y Cyfrin Gyngor ac y byddai'r Gwir Anrhydeddus Bernard Marmaduke, Dug Norfolk, yn rhoi cyfarwyddiadau pellach i'r Cymry ...

Ceisiwyd ei gwthio ar sefydliadau cenedlaethol Cymru ac am chwe blynedd bu'n faes dadlau a brwydro. Daeth yn symbol o lywodraeth ganolog Llundain yn ymyrryd mewn materion Cymreig. Roedd rhai gwleidyddion Cymreig, wrth reswm, am blygu i'r awdurdod. Gwrthwynebwyd y faner yn llwyr gan eraill.

1. a 2. Siopau Pwllheli'n dathlu hanes y Ddraig;
3. Berno ar ei 'Feic Draig Goch' yn y parêd

1

2

3

Y DDRAIG GOCH DDYRY CYCHWYN

1

Llywodraeth Cymru
Welsh Government

2

3

Cynullia
Nationa
Download from
Dreamstime.com

4

Diffibriliwr
Defibrillator
Facebook / Twitter
@AchubCalon

5

Yn y diwedd, yr Eisteddfod Genedlaethol a'r Orsedd dan arweiniad ei chofiadur, Cynan, oedd ar flaen y gad. Gan daflu'i holl awdurdod y tu ôl iddi, achubodd Cynan y Ddraig Goch draddodiadol. Ar Ŵyl Ddewi 1959, ildiodd y pwerau canolog drwy ddatganiad gan Henry Brooke, gweinidog yn y llywodraeth ar y pryd. Ildio drwy ddangos eu bod yn dal mewn grym a wnaeth y pwerau hynny, wrth gwrs. Yn hytrach na thynnu draig y Palas i lawr, cyhoeddwyd mai'r Ddraig Goch oedd baner swyddogol Cymru a bod hawl i'w chyhwfan ar eiddo'r llywodraeth yn y wlad.

Felly, yr hyn wnaed ar Ŵyl Ddewi 2019 mewn gwirionedd oedd nid dathlu 60 mlwyddiant ein baner swyddogol, ond dathlu 60 mlynedd o wrthod gwrando ar ymyrraeth a rheolau o Lundain!

O dro i dro, bydd rhywrai'n tynnu sylw at y ffaith mai dim ond baneri Padrig, Andreas a Siôr – yn cynrychioli Iwerddon, yr Alban a Lloegr – sy'n rhan o batrwm yr Iwnion Jac. Nid yw'n cynrychioli Cymru o gwbl – baner a grëwyd i gynrychioli undod y tair gwlad honno ydi hi. Bydd rhai wedyn yn ceisio gwneud iawn am y diffyg hwnnw drwy ddylunio amrywiadau posib sy'n cynnwys elfen Gymreig ymhleth yn yr Iwnion Jac wreiddiol. Mae enghreifftiau ar waelod y dudalen – methiant oedd pob un.

Mae Cymru wedi hen benderfynu mai'r Ddraig Goch – a'r Ddraig Goch yn unig – yw ei baner genedlaethol. Mae gan faner Dewi Sant (croes felen ar gefndir du) a baner Owain Glyndŵr (pedwar llew ar faner goch a melyn) eu statws. Ond y Ddraig ydi baner y wlad a'i phobl.

1. Y Ddraig Goch frenhinol a wrthodwyd ond a fu'n arwyddlun i'r Swyddfa Gymreig am flynyddoedd; 2. Y Ddraig yn arwyddlun Llywodraeth Cymru a sefydlwyd yn 1998; 3. Arwyddlun Senedd Cymru; 4. Ar y wal o flaen Senedd Cymru; 5. Logo un o ddarparwyr iechyd Cymru

Y Ddraig ar gynnyrch Cymru

O gaws i gwrw, o gregyn gleision i gennin ac o gig oen i gig eidion, mae cynnyrch Cymreig yn amlach na pheidio yn dwyn llun y Ddraig Goch arno. Dyna'r arwydd sy'n dangos tarddiad a chynefin – elfennau hollbwysig wrth ddangos safon a gwerth pob cynnyrch.

Medwyn Williams gyda rhywogaeth newydd o'i domatos: 'Y Ddraig Goch'

HYBU CIG
CYMRU
MEAT PROMOTION WALES

TAFARN
TY
GWYN

Milk Chocolat
£12·99
DRAGONS
gwnaed yng nghymru
made in wales

Y Ddraig yn hyrwyddo busnesau

Ar hyd ac ar led Cymru, mae bysus, tacsis a threnau erbyn hyn yn defnyddio'r Ddraig er mwyn dal sylw eu cwsmeriaid. Cewch hufen iâ Draig Goch a thegan plentyn Draig Goch. Mae Garej a Siop y Ddraig Goch yn Nwyran, Môn. Ble bynnag yr ewch chi, mae ffurf a lliw y ddraig yn creu logos ac arwyddion drwy Gymru benbaladr.

BRAINS
THE CARDIFF
BREWERY
BRAINS

CWRW
FELINFOEL

awen teifi

Tŷ Gobaith

Draig sy'n gwrthod diflannu

Bob hyn a hyn, bydd y frwydr rhwng y ddraig goch a'r ddraig wen yn ailgodi'i phen. Brwydr rhwng dwy ffordd wahanol o edrych ar y gorffennol a dau fwriad gwahanol wrth gamu tua'r dyfodol ydi hi bellach. Draig Goch Cymru v. Iwnion Jac yr hen Ymerodraeth Brydeinig.

Bydd y Jac yn taflu ambell waywffon – ceisio rhwystro rhoi'r Ddraig Goch ar ddogfennau swyddogol ac ar feysydd rhyngwladol. Ni chaniateir chwifio baner Cymru yn ystod cystadleuaeth cân yr *Eurovision*. Gwnaed rheolau caeth i wahardd y Ddraig Goch o'r Gemau Olympaidd yn Llundain (gan gefnogwyr hyd yn oed) a digwyddiadau rhyngwladol eraill yn y calendr chwaraeon.

Os nad ydi athletwyr Cymreig yn cael chwifio'r Ddraig Goch, yna dydi'r wlad ddim yn cael ei chynrychioli. Dydi'r ddadl honno erioed wedi'i hateb yn foddhaol gan awdurdodau'r Gemau Olympaidd sy'n mynnu bod baneri 'gwledydd nad ydyn nhw'n cystadlu' yn cael eu gwahardd am eu bod yn 'wleidyddol'. Mae'r Iwnion Jac yn ddatganiad o undod rhwng Lloegr, yr Alban a Gogledd Iwerddon yn unig. Dim draig, dim Cymru. Eto, mae Cymry'n cystadlu yn y Gemau Olympaidd. Pwy oedd yn dweud rhywbeth am fod yn 'wleidyddol' . . . ?

O dro i dro, mae'r Ddraig Goch yn taro'n ôl. Pan enillodd Geraint Thomas y Tour de France yn 2018, roedd y corff British Cycling eisiau ei lapio mewn Iwnion Jac ar y podiwm gwobrwyo. Roedd Geraint eisoes yn gwisgo Draig Goch dros ei ysgwyddau – baner un o'r cefnogwyr. Aeth swyddog y British Cycling o'i gof – yr Iwnion Jac yw'r faner swyddogol, dyna faner y tîm Prydeinig, coch, glas a gwyn ydi'n logo ni, fyddai awdurdodau'r Tour de France ddim yn caniatáu baner arall. *'Mais non – c'est bon,'* meddai'r Ffrancwyr oedd yn trefnu'r ras, a dyn wedi'i wisgo ym maner ei wlad ei hun oedd y ddelwedd a

y Lolfa
Sticeri Draig Goch
Red Dragon Stickers
Addas i'w gosod ar drwydded yrru
Suitable for use on a driving licence

welodd y byd wrth ddathlu camp y beiciwr o Gaerdydd.

Mae sawl brwydr wedi'i hennill yn y gorffennol. Yn 2009, yn dilyn pwysau o Gymru, ildiodd Llywodraeth Whitehall ar fater cael y Ddraig Goch ar blatiau rhifau ceir. Lansiwyd deiseb o blaid hynny ar Ddydd Gŵyl Dewi'r flwyddyn honno gan yr Aelod Cynulliad Janet Ryder, ac ildiodd awdurdodau Llundain ar ôl bod yn cicio'u sodlau am wyth mlynedd.

Ffyrnigodd y ffrae hon eto yn 2015 pan fynnodd Llywodraeth Llundain mai dim ond baneri'r Jac fyddai'n ymddangos ar drwyddedau gyrru. Gwrthodwyd galwadau taer am ddefnyddio'r Ddraig Goch ar drwyddedau gyrru yng Nghymru. Dewisodd nifer brynu baneri Cymreig bychain i'w gludo dros y Jac ar eu trwyddedau. Bu'n rhaid i'r Lolfa drefnu i ailargraffu'r rheiny ar fyrder gan fod y 3,000 cyntaf wedi'u gwerthu mewn dim. Ewrop oedd y broblem (meddai Llundain) – mae'n bosib na fyddai'r awdurdodau yn fan'no yn adnabod yr amrywiol faneri ar drwyddedau o Brydain.

Pennod ychwanegol yn y stori honno yw'r modd y cafodd Guto Fron Isa, Llangwm ei drin ar riniog clwb nos yng Nghaerfaddon ym mis Mawrth 2019. Er bod y bownsars yn derbyn fod ei drwydded yrru yn un ddilys fel tystiolaeth o'i oedran, gwrthodwyd mynediad iddo am ei fod yn Gymro. Roedd wedi glynu'r Ddraig dros yr Iwnion Jac.

Tebyg oedd hanes cyflwyno pasbortau

glas 'traddodiadol' Prydeinig yn lle'r rhai coch Ewropeaidd. Roedd hwn yn 'fynegiant o'n hunaniaeth' yn ôl y Prif Weinidog, Theresa May. Ni fyddent ar gael yn ddwyieithog yng Nghymru. 'British' fyddai'r enw ar y clawr. Ond mae waledi lledr Draig Goch ar gael ar y we . . .

Bwlio . . . sathru ar falchder cenedlaethol . . . gormesu . . . Ydi, mae hyn i gyd yn dal i ddigwydd. Ond weithiau mae hyn yn cael effaith economaidd ar Gymru a'i phobl hefyd.

Yn y meysydd awyr yn Lloegr, y Jac a VisitBritain sy'n hyrwyddo twristiaeth. Does dim sôn am y Ddraig Goch na Chymru. Atodiad di-nod ydi Cymru ar wefan VisitBritain/VisitEngland hefyd, er bod y corff hwnnw'n cael ei ariannu'n sylweddol yn ganolog o Lundain i ofalu am y 'gwledydd bychain' yn ogystal. Deddfodd DEFRA, yr awdurdod amaethyddol a'r hyrwyddwr bwyd yn Llundain, bod yn rhaid i gynnyrch Cymru gael ei farchnata dan label y Jac. Mae'r byd i gyd yn adnabod brand y Jac, meddir. Ond 'adnabod' anffafriol ydi hynny yn aml. Yn ôl arolwg Horizon yn 2018 o arferion prynu naw o wledydd ar draws y byd, roedd y mwyafrif o bobl mewn pump o'r gwledydd hynny yn osgoi dewis cynnyrch gyda'r Jac arno.

Fel y gwelwyd, bydd rhai weithiau'n ceisio heddychu'r frwydr hon drwy awgrymu y dylai Cymru gael ei chynrychioli ar yr Iwnion Jac. Eir ati i ddyfeisio pob math o faneri disynnwyr a hyll. Y gwir amdani ydi nad oes cyfaddawd yn bosib pan fo un faner yn dal i gynrychioli ymdrech gwlad fawr i geisio llyncu gwlad fach.

Dywed eraill fod Cymru eisoes yn cael ei chynrychioli ar faner y Jac – gan fod Cymru yn rhan o Loegr ers 1536, mae baner San Siôr yn faner 'Lloegr yn cynnwys Cymru'. Dathliad o ddiflaniad Cymru ydi'r faner ymerodraethol. Pasiwyd deddf yn Llundain oedd yn llyncu Cymru i mewn i Loegr yn 1536. Roedd y Senedd Gymreig olaf a gynullodd yng nghastell Harlech adeg rhyfel annibyniaeth Owain Glyndŵr eisoes wedi'i chwalu gan bowdwr gwn y Saeson. Doedd gan Gymru ddim llais. Yn wahanol i'r undeb rhwng Lloegr a'r Alban ac Iwerddon, doedd dim trafod rhwng dau sefydliad cenedlaethol ac felly doedd dim lle i Gymru ar faner yr Ymerodraeth. Dim ond diflaniad Cymru sydd yn y faner honno – diflaniad ein hunanlywodraeth, ein diwylliant, ein hiaith, ein hwyl a'n dawn i groesawu a chymdeithasu â phobl eraill.

Un nos Sadwrn ym Mawrth 2019, roedd myfyriwr o Gymru gyda chriw o ddeunaw arall yn dangos eu cardiau adnabod er mwyn cael mynediad i glwb nos yn ninas Caerfaddon. Trwydded yrru hollol gyfreithlon oedd ganddo. Roedd ganddo sticer Draig Goch dros yr Iwnion Jac y mynnodd yr awdurdodau yn Llundain ei gosod ar bob trwydded yrru o 2015 ymlaen. Gwrthodwyd mynediad i'r Cymro – nid am fod ganddo drwydded ffug, nid am ei ymddygiad, ond am ei fod wedi dangos ei fod yn Gymro drwy ddefnyddio'i faner genedlaethol.

Pobl y Ddraig

I Guto Fron Isa, Llangwm am ei safiad
pan gafodd ei drin yn hiliol
am fod ganddo Ddraig Goch
ar ei drwydded yrru

Yr un b. deud bron bob dydd:
'Hanner gwlad yn ochr gwledydd
yw Cymru Fach; o achos
seis y bau, mae hi isio bòs,
un Teitanaidd, Tiwtonic;
ymhob dŵr mae Moby Dick.

'GB aur, GB arian,
ond am Wales – gwlad sylltau mân;
dim o beth yn stadiwm byd,
unlle heb Jac Brydeinllyd;
bwji heb fawr o byjet
ar wahân i Brydain Grêt.'

Byw'r ydym (gwae'r briodas!)
yn y gliw coch, gwyn a glas;
deinosôrs yn Llundain sydd,
dinas ol' boys, a deunydd
eu grym yw llogau a Rolls:,
y canoloesol âsols.

UK'r hen deyrn cronni dŵr
ac UK y gwacäwr.
Rhown ar faner ein gwerin
fwy o lais i'n tafod flin
ac awn, nid gan ofni gwae,
nid â rheg, ond â dreigiau.

Mae dreigiau cochion yn amlwg ar geir yng Nghymru ers y 1960au a bellach fe'i gwelir ar fysus, loriau, trenau, hofrennydd yr Ambiwlans Awyr ac ar awyrennau

Mae'r plismyn baneri yn dweud wrthym ni mai'r Union Flag ydi'r term cywir arni. Ni ddylem ei galw'n Jac os nad yw'n hongian ar 'bolyn jac' llong ryfel. Eto, dyna sut mae'r rhan fwyaf o wledydd y byd yn adnabod y faner ymerodraethol – baner filitaraidd ydi'r Jac sydd wedi rhyfela, rhyw dro neu'i gilydd, yn erbyn dros 170 o'r 196 o'r gwledydd presennol sydd yn y byd.

Roedd llawer o'r rhyfeloedd hynny am resymau masnachol neu economaidd – er mwyn gwerthu cyffuriau i werin Tsieina neu er mwyn bachu olew oddi ar Arabiaid. Gwan, felly, ydi'r ddadl bod y Jac yn arf hyrwyddo gwerthfawr i gynnyrch Cymreig ac atyniadau Cymreig ar lwyfan y byd. Mae olrhain tarddiad yn hollbwysig yn y marchnadoedd bellach a dydi tarddu o hanes gwaedlyd yr Ymerodraeth Brydeinig ddim yn gwneud lles i unrhyw nwydd.

Ond mae'n dda dweud mai gwrthod diflannu mae'r Ddraig Goch. Mae'n amlycach yng Nghymru heddiw nag y bu erioed – nid yn unig ar bolion, mewn sefydliadau ac ar feysydd chwarae, ond hefyd ar drafnidiaeth gyhoeddus, ar logos busnes ac ar silffoedd siopau.

Mae tir newydd yn cael ei ennill o hyd. Yn 2017, cytunodd yr Unicode Consortium i gefnogi emoji'r Ddraig Goch. Ychwanegwyd hwnnw i lwyfannau cyfryngau cymdeithasol a bellach mae'n bosib i ddefnyddwyr yrru emoji o faner Cymru gyda'u negeseuon.

Cyhoeddi bod gennym ni chwe chan mlynedd o brofiad o allforio cynnyrch cig y mae hi, a phedair mil a mwy o flynyddoedd o hanes gwerthu bwyeill a thorchau addurnedig i dramorwyr. Cyhoeddi annibyniaeth ein ffordd o fyw ac o feddwl y mae hi a chyhoeddi croeso i bobl sy'n byw dan faner wahanol.

Ar hyd promenâd Aberystwyth, mae arddangosfa o faneri sy'n cynrychioli'r enfys o ddiwylliannau sy'n cyfoethogi Ewrop. Mae sefydliad Mercator yn y dref yn cefnogi ac yn ymchwilio i'r ieithoedd a'r diwylliannau hyn ar ran Prifysgol Aberystwyth a Chyngor Sir Ceredigion. Ers 1990, mae'r baneri a'r bwrdd gwybodaeth yn meithrin diddordeb yn y gwledydd a'r cenhedloedd hyn, yn denu sylw ymwelwyr yn ogystal â thrigolion ac yn creu pontydd. Dyna'r dylanwad y gall mymryn o liw yn cyhwfan yn y gwynt ei gael.

Llyfryddiaeth fer

Davies, Dai gyda Nic Parry, *Hanner Cystal â 'Nhad*, hunangofiant, Siop y Siswrn, 1985, t. 109

Davies, D. J., 'Baner y Ddraig Goch', *Y Fflam*, gol. Euros Bowen, Rhifyn 6, Medi 1948, t. 3

Eirug, Aled (Gol.), *Tân a Daniwyd: Cymdeithas yr Iaith 1963–1976*, 'Rhifynnau Cyntaf Tafod y Ddraig' (1976), t. 104

Emlyn, Mari, *Llythyrau'r Wladfa 1865–1945*, Gwasg Carreg Gwalch, 2009, t. 41

Evans, D. L., 'Some Notes on the Principality of Wales in the Time of the Black Prince (1343–1376)', *Trafodion y Cymmrodorion*, 1925–1926, t. 57

Jobbins, Siôn, *The Phenomenon of Welshness II*, 'Flying the Flag: the Boring Story of the Red Dragon', Gwasg Carreg Gwalch, 2013, t. 64

Jones, Michael D., *Gwladychfa Gymreig*

Lofmark, Carl/G. A. Wells, *A History of the Red Dragon*, Gwasg Carreg Gwalch, 1995